놀라운 발견
생활의 지혜

《놀라운 발견 생활의 지혜》는
초등학교 교과서의 이런 단원과 관련이 깊어요

📖 **2학년 1학기 국어**
5. 무엇이 중요할까?
〈진흙으로 만든 그릇〉

📖 **2학년 2학기 국어**
5. 어떻게 정리할까요?
〈천연 염색 이야기〉

📖 **3학년 1학기 사회**
3. 고장의 생활과 변화
(1) 의식주 생활의 변화
(2) 지혜를 담아 온 생활 도구

📖 **5학년 1학기 사회**
2. 다양한 문화를 꽃피운 고려
(5) 고려의 과학과 기술

📖 **6학년 1학기 사회**
3. 환경을 생각하는 국토 가꾸기
(1) 자연과 더불어 사는 인간

오십 빛깔 우리 것 우리 얘기 24

놀라운 발견
생활의 지혜

우리누리 글 · 김주리 그림

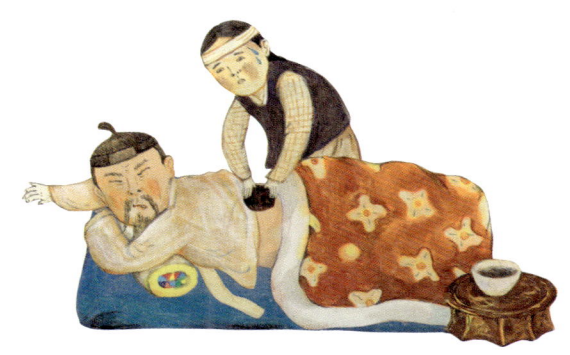

주니어중앙

추천의 말

어린이가 꿈을 키우는 터전

꿈 많은 어린 시절엔 장대한 역사와 위대한 문화유산에 관한
책을 읽는 것이 좋다.
거기에는 어린이가 꿈을 키우는 터전이 있기 때문이다.
감수성 예민한 어린 시절엔 흥미로운 그림을 통하여
재미있게 이야기를 풀어 간 책이 좋다.
그것은 시각적 인식을 통해 어린이의 상상력을 자극하기 때문이다.
『오십 빛깔 우리 것 우리 얘기』는 이런 필요조건을 갖춘
고급 어린이 교양도서라 할 만한 것이다.

유홍준
(전 문화재청장, 현 명지대 교수,
『나의 문화유산 답사기』 저자)

 이 책을 추천해 주신 선생님들

● 전래 놀이, 풍속과 관련된 수업에 활용하고 있습니다. 옛 풍속과 관련해서 요즘에는 잘 사용하지 않는 용어들이 있어서 아이들이 어려워하는데, 이 책에는 사진 자료와 함께 쉽고 정확하게 설명이 되어 있어 아이들이 이해하기 쉽게 되어 있습니다.
　　　　　　　　　　　　　　　　　　　　　　　　　　　　　　　　　　- 손영수 선생님(가사초등학교)

● 아이들이 우리의 전통문화를 쉽게 접할 수 있도록 도움을 주는 소중한 자료입니다. 우리 학교의 독서 퀴즈 대회에서 매년 사용하는 책이랍니다.
　　　　　　　　　　　　　　　　　　　　　　　　　　　　　　　　　　- 성주영 선생님(도당초등학교)

● 우리의 옛 풍습과 문화, 관혼상제 등에 대해 자세히 설명되어 있어 수업을 하기 전에 미리 읽어 오라고 하는 도서입니다.
　　　　　　　　　　　　　　　　　　　　　　　　　　　　　　　　　　- 전은경 선생님(용산초등학교)

● 우리의 문화와 역사를 초등학생들이 이해하기 쉽도록 재미있는 옛이야기로 풀어낸 점이 가장 마음에 듭니다. 초등 교과와 연계된 부분이 많아 학교 수업에 많이 활용하는 도서입니다.
　　　　　　　　　　　　　　　　　　　　　　　　　　　　　　　　　　- 한유자 선생님(삼일초등학교)

김임숙 선생님(팔달초)	조윤미 선생님(화양초)	이경혜 선생님(군포초)	염효경 선생님(지동초)
오재민 선생님(조원초)	박연희 선생님(우이초)	박혜미 선생님(대평중)	이진희 선생님(수일초)
최정희 선생님(온곡초)	정경순 선생님(시흥초)	박현숙 선생님(중흥초)	김정남 선생님(외동초)
이광란 선생님(고리울초)	김명순 선생님(오목초)	신지연 선생님(개포초)	심선희 선생님(상원초)
문수진 선생님(덕산초)	정지은 선생님(세검정초)	정선정 선생님(백봉초)	김미란 선생님(둔전초)
김미정 선생님(청덕초)	조정신 선생님(서신초)	김경아 선생님(서림초)	김란희 선생님(유덕초)
정상각 선생님(대선초)	서흥희 선생님(수일중)	윤란희 선생님(안산시근로자시민문화센터어린이도서관)	

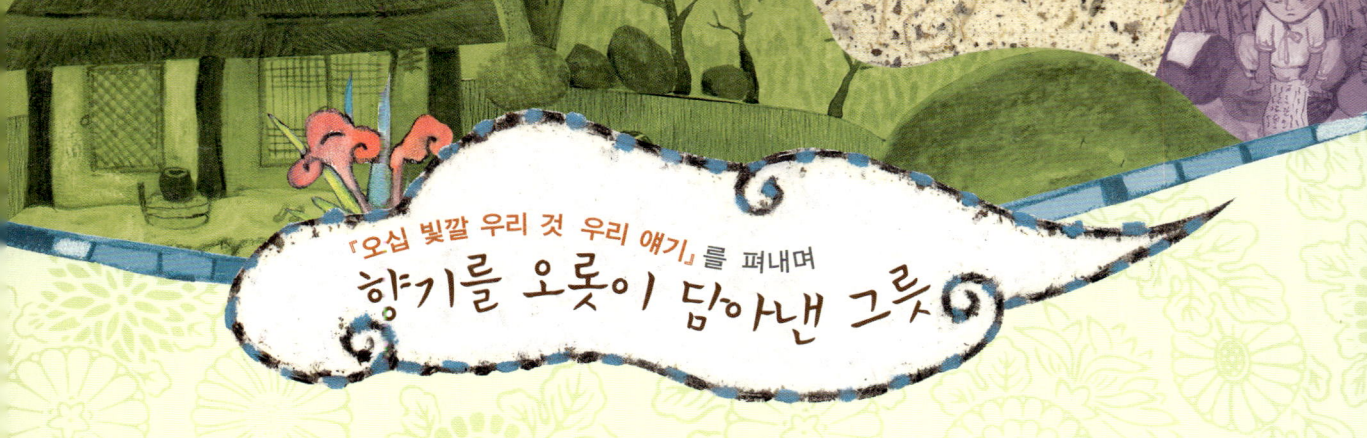

『오십 빛깔 우리 것 우리 얘기』를 펴내며
향기를 오롯이 담아낸 그릇

　『오십 빛깔 우리 것 우리 얘기』 시리즈가 처음 출간된 지 어느덧 16년이 되었습니다. 그동안 수많은 어린이와 부모님 그리고 선생님들의 사랑을 받으며 전 50권이 완간되었고, 어린이 옛이야기 분야의 고전(古典)이자 스테디셀러로 굳건히 자리매김해 왔습니다.

　이 시리즈는 '소중히 지켜야 할 우리 것'에 대한 이야기를 어린이를 위해 '쉽고 재미있게' 풀어쓴 책입니다. 내용으로는 선조들의 생활과 풍습 이야기, 문화재와 발명품 이야기, 인물과 과학기술·예술작품 이야기, 팔도강산과 고유 동식물 이야기 등 우리나라 역사와 전통문화 모든 영역을 총망라하고 있습니다. 그리고 이를 50가지 주제로 엮어 저학년 어린이도 얼마든지 볼 수 있도록 맛깔나는 옛이야기로 담아냈습니다. 장대한 역사와 위대한 문화유산을 배우기에 옛이야기만큼 좋은 형식도 없기 때문입니다.

　대한민국 국민으로서 알아야 하고 전해야 할 우리 것, 우리 얘기는 아주 많습니다. 그동안 이 시리즈를 통해 많은 어린이가 우리 것을 알게 되고, 우리 얘기를 사랑하게 되었을 것입니다. 시간이 흘러도 역사와 전통문화의 향기는 변하지 않기 때문입니다.

하지만 저희는 그 향기를 담아내는 그릇이 그간 색이 바래고 빛을 잃었다는 사실에 가슴이 아프고 안타까웠습니다. 그래서 책에서 전하는 우리 것의 향기를 오롯이 담아낼 수 있는 새로운 그릇을 찾고자 하였습니다. 그 그릇을 통해 향기가 더욱 그윽해지고 멀리까지 퍼져서 수백 년, 수천 년 전의 우리 것이 오늘날에도 살아 숨 쉴 수 있도록 생명력을 주고자 하였습니다.

이에 몇 가지 원칙을 가지고 『오십 빛깔 우리 것 우리 얘기』 시리즈를 새롭게 출간하게 되었습니다.

◎ 원작이 가지는 옛이야기의 맛과 멋을 그대로 살렸습니다.
◎ 요즘 독자들의 감각에 맞추어 디자인과 그림을 50권 전권 전면 개정하였습니다.
◎ 교과 학습의 길잡이가 될 수 있도록 연계 교과를 표시하였습니다.
◎ 학습정보 코너는 유익함과 재미를 함께 줄 수 있도록 4컷 만화, 생생 인터뷰, 묻고 답하기 등으로 내용을 재구성하였고, 최신 정보와 사진을 수록하였습니다.
◎ 도표, 연표, 역사신문, 체험학습 등으로 권말부록을 풍성하게 꾸며서 관련 교과 학습을 강화하였습니다.

이 책을 처음 읽었을 8살 꼬마 독자는 지금쯤 나라와 민족에 긍지를 가진 25살 자랑스러운 대한민국 청년이 되었을 것입니다. 그 청년이 부모가 되어서도 자녀에게 다시 권할 수 있는 그런 책이 되기를 바라며, 이 시리즈를 오십 빛깔 그릇에 정성껏 담아 내어놓습니다.

주니어중앙

조상들의 생활 속에 감춰진 과학 원리

'과학은 실험실에서 과학자들이나 하는 거야.'
혹시 여러분 가운데도 이렇게 생각하고 있는 사람이 있나요?
물론 정확한 결과와 사실을 얻기 위해 실험실에서 실험하고 연구하는 일은 필요해요. 하지만 이것이 다는 아니예요. 아무리 훌륭한 발견이나 발명품이라도 우리에게 도움을 주지 못한다면 아무 소용이 없거든요.
정말 좋은 과학은 우리의 생활에 이로움을 주는 것이어야 해요.
우리 조상들은 옛날부터 과학을 이용한 지혜로운 생활을 해 왔어요.
예를 들어 황토 침대, 황토 장판이 우리 몸의 피로를 풀어 준다고 하여 많은 사람들이 관심을 보이고 있지요? 그런데 우리 조상들은 이런 황토의 좋은 점을 이미 오래 전부터 알고 황토로 집을 짓고 살아왔어요. 또 병을 고치기 위해 풀뿌리나 나뭇잎 등을 이용했는데, 요즘 과학자들도 그런 풀뿌리나 나뭇잎에서 약을 얻고 있어요.

　이외에도 우리 조상들의 생활을 자세히 들여다보면 과학의 원리를 이용한 놀라운 생활 방식이나 습관에 대해 알 수 있답니다.
　이 책에는 우리 조상들의 생활 속에 숨어 있는 과학 이야기 열 가지가 들어 있어요. 어떤 것은 그동안 과학적이지 못하다고 외면받다가 과학자들의 끊임없는 연구로 과학적인 근거가 밝혀진 것이 있어요. 또 어떤 것은 아직까지도 비밀을 다 벗겨 내지 못한 것도 있고요.
　어린이 여러분, 이제부터 우리 조상들의 생활 과학 이야기를 들으러 함께 떠나봐요. 한 장 한 장 넘길 때마다 우리 조상들의 지혜에 놀라게 될 거예요.

　　　　　　　　　　　　　　　　　　　어린이의 벗 우리누리

차 례

🕊 개똥 덕에 사위가 된 **덕배** : 민간 의학 12

백두 낭자 · 한라 도령과 함께 배우는 생활 속 전통과학
서양 의학이 인정한 전통 의술 침술 22

🍂 책을 씻어 공부한 **동생** : 한지 24

백두 낭자 · 한라 도령과 함께 배우는 생활 속 전통과학
중국과 일본에서도 귀하게 여겼던 한지 34

🕊 죽은 아들이 보낸 **며느리** : 늦 36

백두 낭자 · 한라 도령과 함께 배우는 생활 속 전통과학
조상들이 소중히 여겼던 불씨 46

🍂 복을 불러 주는 땅의 **기운** : 풍수지리 48

백두 낭자 · 한라 도령과 함께 배우는 생활 속 전통과학
좋고 나쁜 기운을 알려주는 풍수지리 58

🕊 청국장 냄새를 맡은 **갑** : 발효 식품 60

백두 낭자 · 한라 도령과 함께 배우는 생활 속 전통과학
음식을 오래 보관하는 건조법과 염장법 70

- 항아리로 맺어진 **인연** : 옹기 72
  - 백두 낭자·한라 도령과 함께 배우는 생활 속 전통과학
  - 흙으로 빚어 만든 도자기 82

- 치자 열매와 쪽풀로 물들인 **옷감** : 천연 염색 84
  - 백두 낭자·한라 도령과 함께 배우는 생활 속 전통과학
  - 자연이 만들어 낸 옷감 94

- 벌레를 막아 주는 신비한 **비결** : 옻칠 96
  - 백두 낭자·한라 도령과 함께 배우는 생활 속 전통과학
  - 쓰임에 따라 다른 조상들의 그릇 106

- 빨래를 해서 어머니를 살린 **딸** : 천연 세제 108
  - 백두 낭자·한라 도령과 함께 배우는 생활 속 전통과학
  - 물을 살리는 천연 세제 118

- 가마에서 살아난 **아우** : 황토 120
  - 백두 낭자·한라 도령과 함께 배우는 생활 속 전통과학
  - 신비로운 효력을 가진 황토 130

- **부록** 교과가 튼튼해지는 우리 것 우리 얘기 132
  - 과학의 원리를 이용한 조상들의 생활 지혜

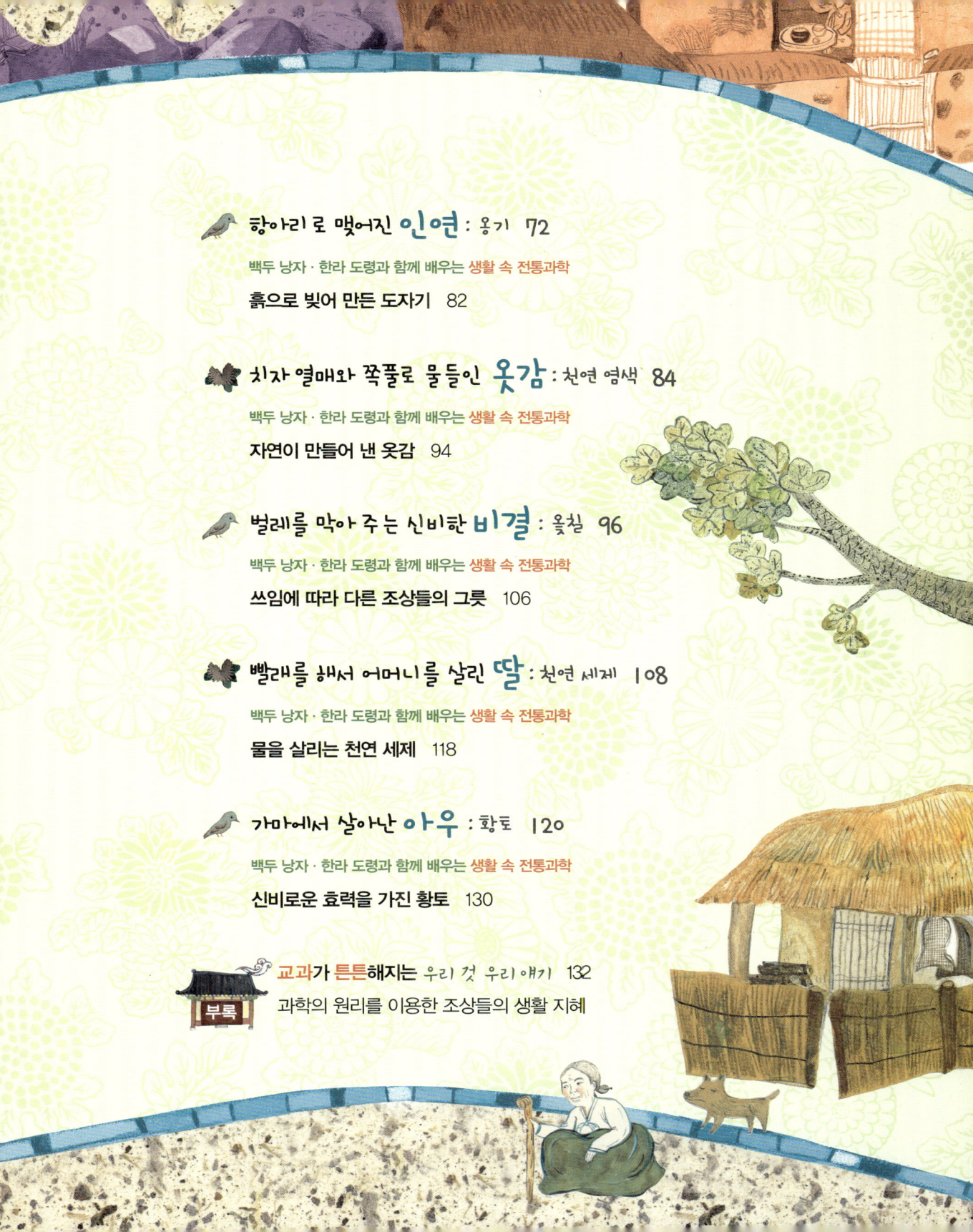

개똥 덕에 사위가 된 덕배

· 민간 의학 ·

"아버지, 제발 허락해 주세요. 예?"

연지 아씨는 아버지의 마음을 돌리려고 애를 썼어요.

"아버지, 제가 이렇게 병이 나을 수 있었던 건 모두 덕배 덕이에요. 그러니 덕배와 혼인하는 것이 당연하잖아요."

"듣기 싫다! 어찌 네가 하인과 혼인할 수 있단 말이냐? 난 절대 허락할 수 없다."

연지 아씨는 한숨을 쉴 수밖에 없었어요.

작년, 겨울이 시작될 무렵이었어요. 연지 아씨는 갑자기 열이 나고 기침을 심하게 했어요. 처음에 황 부자는 연지 아씨가 감기에 걸린 줄로만 알았지요. 그런데 어느 날 아씨는 기침을 하며 피를 토하는 것이 아니겠어요?

아씨의 입에서 피가 나오자 온 집안은 발칵 뒤집혔어요. 황 부자는 서둘러 이름난 의원을 불러 연지 아씨를 진찰하게 했어요.

"어르신, 아씨의 병은 아주 무서운 돌림병입니다. 다른 사람들에게 병을 옮기기 전에 먼 곳으로 보내시는 것이 좋겠습니다."

황 부자는 하늘이 무너지고 땅이 꺼지는 듯했어요. '돌림병'은 다른 사람에게 병을 옮기는 아주 무서운 병이거든요. 그래서 돌림병에 걸린 사람을 집에 두면 나라에서는 큰 벌을 내렸어요.

그래서 황 부자는 연지 아씨를 깊은 산 속에 있는 덕배의 집으로 보냈어요. 덕배는 황 부자의 산을 돌보는 하인이었어요.
 덕배의 초가집에 온 연지 아씨는 방에 누워서는 죽을 날만 기다렸어요. 덕배는 방에 누운 아씨를 보며 생각했어요.
 '저렇게 어여쁜 아씨가 돌아가셔야 하다니 말도 안 돼. 내가 어떻게든 살려 내고 말 거야.'
 그날부터 덕배는 몸에 좋다는 여러 가지 약초를 구해서 아씨에게 먹였어요. 하지만 아무런 효과가 없었어요.
 '인삼은 무슨 병이든 다 고친다는데, 인삼 한 뿌리만 있었으면 좋겠다.'
 그때 덕배의 눈에 도라지가 보였어요.
 '그래! 도라지는 인삼과 비슷하게 생겼으니 몸에 좋을 거야.'
 그날부터 덕배는 도라지 삶은 물을 아씨에게 먹였어요. 여러 달 동안 도라지 삶은 물을 마신 연지 아씨는 이제 기침도 하지 않고 피도 토하지 않게 되었어요.
 병이 다 낫자 연지 아씨는 덕배와 혼인하기로 마음먹었어요.

돌림병에 걸려 죽어 가던 자기를 정성껏 돌봐 준 덕배가 좋아졌던 거예요. 하지만 아씨의 아버지인 황 부자는 허락하지 않았어요.

"아버지, 제 소원이에요. 부디 허락해 주세요."

연지 아씨는 다시 아버지에게 간절히 부탁했지만 황 부자는 들은 척도 하지 않았어요.

"장인어른."

마당에 서 있던 덕배는 조심스럽게 황 부자를 불렀어요.

"뭐, 장인어른이라고? 이놈, 썩 없어지지 못할까?"

황 부자는 불같이 화를 내며 방에서 뛰어나왔어요.

"이놈, 하인 주제에 감히 내 딸을 넘봐?"

황 부자는 덕배를 잡으려는 욕심에 마루에서 마당으로 뛰어내렸어요. 그런데 그만 허리를 삐끗해서 넘어지고 말았어요. 사람들이 일으켜 주려고 했지만 황 부자는 꿈쩍도 하지 못했어요.

"아이쿠, 허리야. 내 허리가 부러졌네."

사람들은 황 부자를 겨우 들어서 방으로 옮겼어요. 연지 아씨는 하인을 시켜 의원을 급히 모셔 오도록 했어요. 하지만 의원을 부르러 갔던 하인은 나쁜 소식만 가져왔어요.

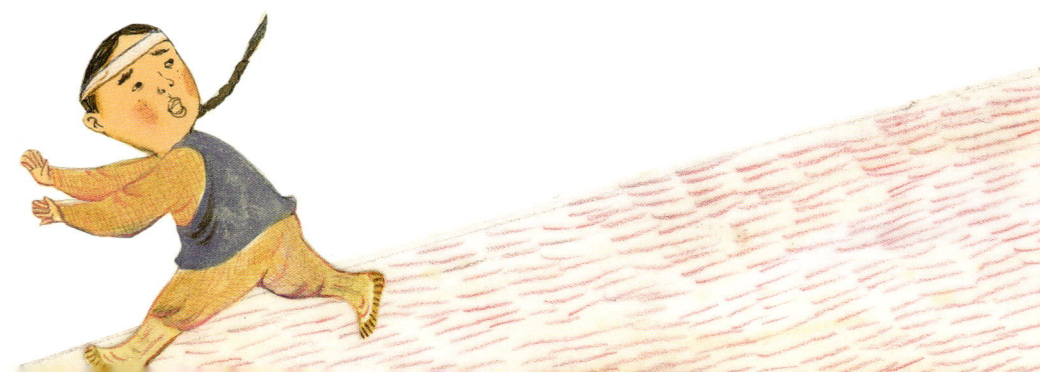

"아씨, 의원님은 약초를 캐러 산에 가셔서 며칠 뒤에나 오신다는데요."

"뭐라구? 아이고, 나는 이대로 죽게 생겼구나."

그때 덕배가 방문을 살짝 열고는 이렇게 말했어요.

"장인어른, 저한테 허리 다친 데 잘 듣는 약이 있는데요……."

"정말 너한테 그런 약이 있단 말이야? 어서 좀 다오."

"그럼 연지 아씨와 제가 혼인하도록 허락하시는 거지요?"

"그래, 네 마음대로 하거라."

황 부자는 허리만 낫게 해 준다면 무엇이든 할 것 같았어요. 조금 뒤 덕배는 누르스름한 덩어리를 하나 들고 왔어요.

"아니, 그게 뭐냐? 색깔은 꼭 된장 같은데……."

"세상 제일의 명약입니다."

덕배는 황 부자의 허리에 그 약을 붙여 주었어요.

다음날 아침, 황 부자는 거짓말처럼 아픔이 가셨어요. 연지 아씨는 덕배에게 아버지의 허리를 낫게 한 약이 무엇인지 물었어요.

"아, 그거요? 개똥이에요. 개똥. 뼈 다친 데는 불에 구운 개똥이 최고거든요."

그 뒤 황 부자의 허리를 고친 덕배는 연지 아씨와 혼인해서 오

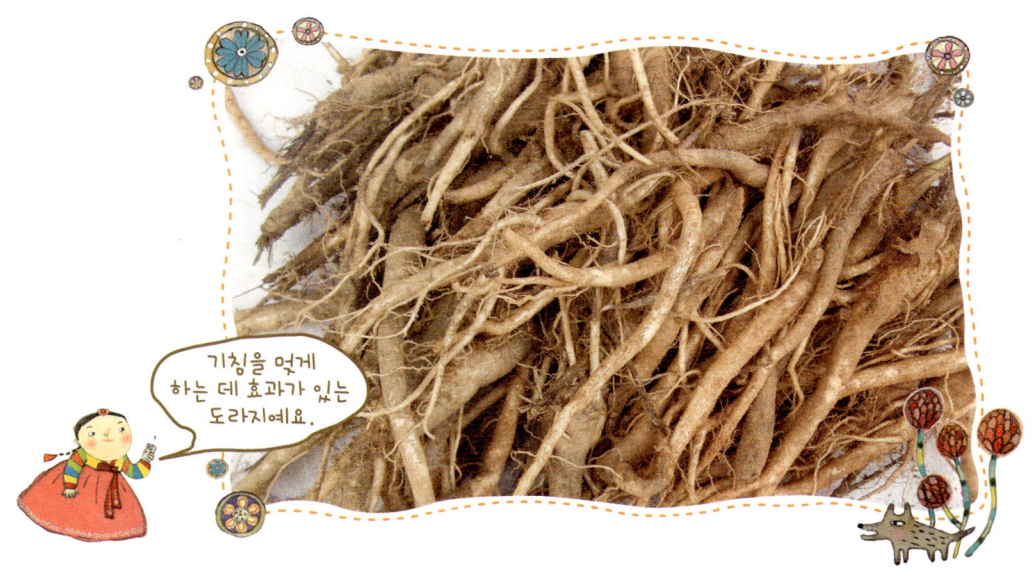

기침을 멎게 하는 데 효과가 있는 도라지예요.

래오래 행복하게 살았답니다.

 도라지로 돌림병을 고쳤다니 믿어지지 않는다고요? 연지 아씨가 걸린 병은 피를 토하는 폐결핵이었어요. 그런데 이 도라지에는 폐결핵을 낫게 하는 성분이 들어 있다고 해요.

 옛날에는 요즘처럼 병원도 많지 않고, 필요한 약을 쉽게 살 수도 없었어요. 그래서 우리 조상들은 자연에서 얻은 재료들을 이용해 병을 고쳤지요. 이런 것을 '민간요법'이라고 해요.

 예를 들어 멍이 들면 으깬 치자 열매를 붙였어요. 또 허리가 아플 때는 진달래 뿌리를 달여 마시고, 입맛이 없을 때는 익모초 즙을 마셨어요.

이러한 민간요법이 언뜻 보기에는 과학적이지 못한 것처럼 보이지요? 하지만 하나하나 따져 보면 오랜 경험에서 얻은 훌륭한 치료 방법들이에요.

음력 정월 대보름날 아침 부럼을 먹는 것도 민간요법의 하나예요. 우리 몸에 지방질이 부족하면 피부에 부스럼이 생기지요. 그래서 지방질이 많이 든 호두나 땅콩 같은 열매을 먹어 피부병이 생기는 것을 막았던 거예요.

또 오줌 누기가 힘들면 옥수수염을 삶아 마시거나 수박을 먹으면 좋아요. 옥수수염에는 오줌을 잘 누게 해 주는 성분이 들어 있어요. 수박도 물이 많은 과일로 오줌을 잘 눌 수 있게 도와주지요.

이처럼 우리 조상들이 썼던 민간요법에는 과학적으로도 아주 훌륭한 방법들이 많답니다.

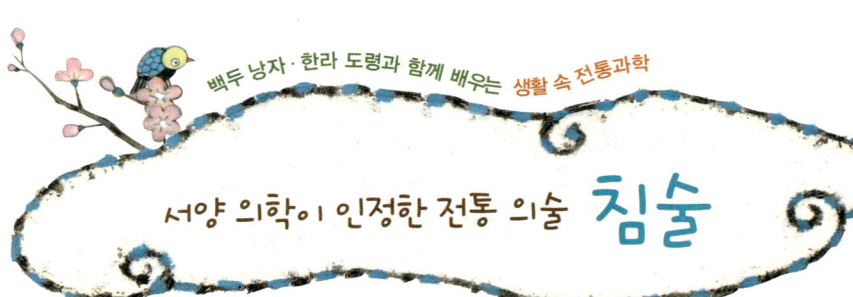

백두 낭자·한라 도령과 함께 배우는 생활 속 전통과학

서양 의학이 인정한 전통 의술 침술

옛날에 우리 조상들은 배탈이 나거나 아이들이 놀랐을 때 침을 이용하여 치료했어요. 어떤 방법으로 치료를 했는지, 또 침술을 이용한 치료법에는 어떤 것들이 있는지 알아보아요.

갑자기 배탈이 나거나 아이들이 놀랐을 때, 우리 조상들은 침으로 손가락에 피를 내어 치료했어요. 먼저 팔을 잘 주무른 다음 엄지손가락에 실을 묶었어요. 그리고 엄지손가락의 손톱 아래쪽 살을 날카로운 침으로 콕 찔렀어요. 그러면 검붉은 피가 흐르고 금방 배탈이 가라앉았지요.

침으로 병을 고친 것은 아주 먼 옛날, 석기 시대부터였다고 해요. 그때는 돌이

수지침은 손에 있는 경락에 침을 놓거나 자극해서 질병을 고치는 침술법이에요.

나 옥을 갈아 만든 '폄석'이라는 날카로운 침을 사용했어요. 그리고 이것이 청동기 시대 이후에는 '잠석'으로, 철기 시대 이후에는 '침'으로 발전하게 된 것이지요.

침술은 동양의 대표적인 치료 방법으로 특히 우리나라에서 발달했어요.

우리 몸의 여러 기관들은 각각 어떤 보이지 않는 선으로 연결되어 있어요. 이 선을 '경락'이라고 해요. 그리고 이 경락의 중간 중간에는 360여 곳의 경혈이 있어요. 그래서 심장이 아프다고 하면 심장과 연결된 경혈에 침을 놓아 자극해서 병을 고치는 것이지요.

한때 침술은 서양에서 과학적이지 못한 치료 방법으로 무시를 당하기도 했어요. 하지만 여러 실험들을 통해 그 효능이 입증되면서 세계 보건 기구(WHO)에서도 인정받게 되었어요. 그래서 이제는 미국이나 유럽 등에서도 높은 관심을 보이고 있답니다.

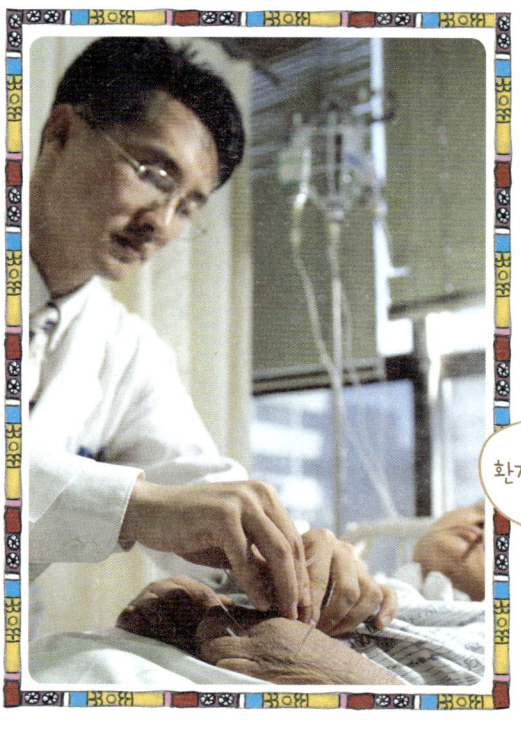

침술로 환자를 치료하고 있어요.

책을 씻어 공부한 동생
· 한지 ·

초가집들이 옹기종기 모여 있는 어느 작은 고을에 형제가 살고 있었어요. 원래 형과 아우는 열심히 공부해서 벼슬길에 나가는 것이 꿈이었지요. 하지만 살림이 너무 어려워 굶는 날이 많았어요. 생각다 못한 형은 큰 결심을 했어요.

"아우야, 이대로는 안 되겠다. 우리가 가진 것이라고는 부모님이 물려주신 초가집과 손바닥만 한 밭이 전부 아니냐? 당장 내일 먹을 곡식도 없으니 이대로 우리 둘 다 공부를 계속하다간 곧 굶어 죽게 될 거야. 그러니 너라도 아무 걱정 없이 공부를 할 수 있게 내가 돈을 벌겠다."

동생은 깜짝 놀라며 형을 말렸어요.

"안 됩니다, 형님. 제가 공부를 그만두고 돈을 벌 테니 형님이 공부를 계속하십시오."

하지만 형은 고개를 저었어요.

"아니다. 넌 돈을 벌기에는 너무 어리지 않으냐? 너는 열심히 공부해서 벼슬길에 나가거라. 나는 그 뒤에 공부를 할 테니 그때 네가 도와주면 되지 않겠느냐?"

이렇게 해서 형은 돈을 벌기 위해 일을 하고 동생은 공부를 하기로 했어요. 형은 뜨거운 햇볕이 내리쬐는 무더운 날이나 비가

오는 날에도 열심히 일을 했지요.

두 해가 지나자 형은 꽤 많은 돈을 모을 수 있었어요. 그래서 동생도 끼니 걱정 없이 공부만 할 수 있게 되었지요. 그러던 어느 날이었어요.

"형님, 제가 가지고 있는 책은 이제 다 읽었습니다. 그러니 새로운 책을 좀 샀으면 하는데요."

"새 책을 사겠다고? 그래서 지금 나한테 책 살 돈을 달라는 것이냐?"

"예, 형님. 그 동안 형님께서 돈을 꽤 모으신 것 같으니 책을 사 주실 수 있겠지요?"

"책 사줄 돈은 없다."

형은 한마디로 거절했어요. 동생은 조금 서운한 생각이 들었지만 다시 한 번 부탁했어요.

"형님, 새 책을 살 수 없다면 책을 빌려다 밤새 베끼도록 하겠습니다. 하지만 책을 베끼려 해도 새 종이가 있어야 하니 종이 살 돈만이라도 좀 주십시오."

그러자 형은 동생의 말에 책상 위의 책을 두드리며 버럭 소리를 질렀어요.

"아니, 이렇게 멀쩡한 종이를 두고 또 새 종이를 사겠다는 말이냐? 자, 이 종이들을 다시 쓰도록 해라."

형은 동생이 여태까지 읽었던 책들을 방바닥에 와르르 쏟아놓았어요.

"한지는 빨아서 말리면 몇 번이라도 다시 쓸 수 있다. 이 책들을 빨면 새 종이를 얼마든지 만들 수 있을 거다."

동생은 너무나 기가 막혔어요. 종이를 빨아서 쓰라고 우기는 사람이 예전의 마음씨 착하고 듬직했던 형이라고는 도저히 믿어지지 않았어요.

할 수 없이 동생은 종이 뭉치를 들고 냇가로 나갔어요. 그러고는 종이를 물에 담갔다가 빨래하듯 방망이로 두들겨 빨기 시작했어요.
 '형님이 내게 어찌 이럴 수가 있나? 마음 편히 공부하라 해놓고는 저렇게 변할 줄이야. 어디 두고 보자. 앞으로 더 열심히 공부해서 반드시 벼슬길에 나가고 말리라.'
 동생은 이를 악물고 열심히 종이를 빨았어요. 종이를 여러 번

헹구다 보니 흐물흐물해졌지요. 동생은 흐물흐물해진 종이를 돌 위에 반듯하게 펴서 모양을 잡아 말렸어요. 그랬더니 새 종이가 되었어요.

　동생은 이렇게 빨아서 만든 종이를 책으로 묶었어요. 그리고 빌려온 책을 보고는 한 자 한 자 베껴 썼어요. 새 책이 필요할 때마다 다 공부한 책을 빨아 새 종이로 만들어 베껴 써야 했어요.

　종이를 빨아 가며 공부한 지 3년이 되는 해, 동생은 드디어 과거 시험에 합격을 했어요. 동생은 너무나 기뻐 눈물이 났지요.

'구두쇠 형은 내게 책도 종이도 사 주지 않았지. 3년 동안 책을 빨면서 책에 쓰여 있는 것을 잊어버릴까 봐 얼마나 마음을 졸였었던가?'

그때 동생의 머릿속에 번뜩 한 가지 생각이 떠올랐어요. 동생은 서둘러 집으로 돌아왔어요. 그러고는 형님에게 큰절을 올렸지요.

"형님! 고맙습니다. 이 모두가 형님 덕분입니다!"

형님은 동생의 손을 잡고 일으켰어요.

"아니다. 네가 열심히 공부한 덕이다."

"저는 형님이 돈이 아까워 책을 사 주시지 않는다고 원망했어요. 그런데 지금 생각하니 그게 아니었어요. 책을 빨아 다시 쓰려면 그 책의 글자 하나까지도 틀리지 않게 외워야 했지요. 그렇게 공부했으니 제가 과거에 붙을 수 있었던 거예요."

동생은 그제야 형의 깊은 마음을 헤아리고 고마워했답니다.

종이를 빨아서 다시 썼다니 믿어지지 않지요? 하지만 우리 조상들이 만들어 썼던 한지는 튼튼하고 질겨서 물에 빨아도 쉽게 찢기지 않아 다시 사용할 수 있었답니다. 요즘도 헌 종이를 모아 재생 종이를 만들고 있지요. 하지만 재생 종이는 여러 가지 화학

약품을 넣기 때문에 종이 질이 새 종이보다 훨씬 더 떨어지지요.

　우리 조상들은 삼국 시대부터 한지를 만들어 썼어요. 뿐만 아니라 고구려의 스님 담징은 일본에 종이 만드는 기술을 알려 주었어요. 이렇게 오랜 역사가 있는 한지는 중국이나 일본의 종이보다 훨씬 뛰어났지요. 중국에서는 우리나라 한지를 임금님이나 높은 관리들만 쓸 수 있었어요.

　우리나라 한지의 질이 뛰어난 것은 만드는 방법 때문이에요.

　한지를 만들려면 먼저 닥나무를 잘라 삶아서 껍질을 벗겨 내야 해요. 벗겨 낸 껍질은 다시 잿물에 넣고 푹 삶아 하얗게 만들어 방망이로 두들겨 곱게 만들어야 하지요.

　한지가 튼튼하고 질긴 것은 바로 닥나무의 껍질을 갈지 않고 두들겨 만들기 때문이에요. 이렇게 곱게 만든 껍질에 풀뿌리에서 얻은 끈끈한 액을 섞어요. 그래서 걸쭉해지면 찬물에 담가 놓은 틀에 부어 흔들지요. 그러면 틀에는 작은 구멍들이 뚫려 있어서 물은 밑으로 빠져 나가고 틀 위에는 종이가 만들어져요. 틀 위에 종이를 떼어 내어 말리면 한지가 완성되지요.

　만들기가 어려운 만큼 한지는 천 년이 지나도 변하지 않아요. 또 한지로 만든 책은 여러 번 읽어도 해어지거나 닳지 않아요.

습도를 조절해 주는 한지의 한 종류인 창호지로 만든 방문과 창문이에요.

 그래서 한지로는 책을 만들기도 하지만 방바닥이나 문에 붙이기도 해요. 문에 한지를 바르면 여러 가지 좋은 점이 많아요. 한지가 습기를 잘 빨아들이기 때문에 방 안에 습기가 잘 차지 않거든요. 또한 찬바람이나 더운 바람을 막아 주면서도 공기를 잘 통과시키기 때문에 방 안의 공기가 탁해지는 것도 막아 준답니다.

백두 낭자·한라 도령과 함께 배우는 생활 속 전통과학

중국과 일본에서도 귀하게 여겼던 한지

종이는 아주 많은 곳에 쓰이고 있어요. 책, 공책, 신문, 도화지 등 종이가 없는 생활은 이제 상상할 수도 없을 정도가 됐지요. 우리나라의 종이인 한지는 언제부터 만들어졌는지 알고 싶어요.

종이는 지금으로부터 약 2000여 년 전에 중국의 채륜이 만들었어요. 물론 그 이전에도 기록을 남기기는 했었는데, 그 재료는 종이가 아닌 돌이나 동물의 가죽, 뼈, 나무 등이었어요. 이집트의 파피루스, 유럽의 양피지가 그러한 예이지요. 하지만 파피루스나 양피지는 섬유를 물에 푼 것이 아니기 때문에 종이에 속한다고 보기는 어려워요.

채륜은 나무껍질, 마, 넝마, 헌 어망

> 한지의 재료인 닥나무 껍질을 삶고 있어요.

등을 이용하여 종이를 만들었어요. 그리고 이 제지술은 우리나라와 일본 등 주변의 다른 나라들에게 빠르게 전파되었지요.

우리나라에는 고구려 소수림왕 때인 372년에 불교의 전래와 함께 들어온 것으로 알려져 있었어요. 하지만 그보다 1000여 년 정도 앞선 낙랑의 옛무덤에서 닥종이 뭉치가 발견됨으로써 우리나라 종이의 역사는 1500~1600년의 오랜 역사를 지닌 것으로 추정되게 되었어요.

우리나라 종이인 한지는 질이 좋기로 유명해 중국과 일본에서 귀하게 여겼어요. 한지의 질이 명주와 같이 정밀해서 중국 사람들은 이것을 비단 섬유로 만든 것으로 생각하기도 했대요. 그래서 고려 때는 중국으로 수출하기도 했었답니다.

한지 만드는 과정에서 가장 중요한, 닥섬유를 고르게 떠내는 일을 하고 있어요.

방사이 물기가 빠진 습지들을 한 장씩 펴고 있어요.

죽은 아들이 보낸 며느리

· 눛 ·

"마님, 주인마님. 좀 나와 보세요."

"무슨 일이냐?"

김 첨지는 문을 열고 밖을 내다보았어요.

"웬 처녀 하나가 마님을 꼭 뵈어야겠답니다."

"처녀가?"

김 첨지는 '처녀'라는 말에 깜짝 놀라 벌떡 일어났어요.

"그래? 어서 그 처녀를 이리로 모시고 오너라."

"영감, 무슨 일인데 그러세요?"

김 첨지의 아내가 이상하다는 듯 물었어요.

"부인, 잠깐만 기다려 보구려."

하인을 따라 들어온 처녀는 김 첨지 내외에게 큰절을 올렸어요.

"어째서 처음 보는 우리에게 큰절을 하는가?"

처녀는 부끄러운 듯 고개를 숙이고는 입을 열었어요.

"저는 강 건너 마을에 사는 곱단이라 하옵니다. 며칠 전 젊은 도령님과 혼인하는 꿈을 꾸었지요. 그 도령님께서 하는 말이, 자기는 이 댁 7대 독자 외아들 덕이인데, 작년 봄 무렵 병에 걸려 그만 죽었다고 하였습니다. 하지만 아들 하나 남기지 못하고 죽

어 조상님 뵐 면목이 없으니 아들 하나만 낳아 달라고 하였습니다."

 곱단이의 말을 들은 김 첨지는 곱단이의 손을 덥석 잡으며 반가워했어요.

 "아, 네가 바로 우리 며느리구나. 덕이가 보내 준 우리 며느리야."

 "영감, 저는 도대체 무슨 일인지 모르겠어요."

 김 첨지의 아내는 놀라 어찌할 줄을 몰랐어요. 하지만 김 첨지는 벙글벙글 웃으며 말했어요.

 "실은 어젯밤 꿈에 죽은 우리 덕이를 보았지 뭐요? 그 녀석의 하는 말이, 오늘 자기 아들을 낳아 줄 처녀 하나가 올 테니 며느리로 삼아 달라는 거요, 글쎄."

 김 첨지의 아내는 두 눈을 동그랗게 떴어요.

 "그럼 이 곱단이라는 처녀가 정말로 덕이가 보낸 우리 며느리란 말이에

요?"

김 첨지와 아내는 그날로 곱단이를 며느리로 삼았어요.

며느리가 된 곱단이의 배는 날이 갈수록 불러 왔어요. 꿈에서 덕이가 말했던 것처럼 곱단이는 아이를 가졌던 거예요.

그리고 열 달이 지나자 곱단이는 튼튼하고 잘생긴 사내아이를 낳았어요.

"이런 경사가 어딨나? 죽은 아들이 손주를 낳았네그려."

김 첨지는 너무나 기뻐 손수 금줄을 쳤어요. '금줄'은 아이가 태어나면 대문 앞에 걸었던 줄이에요. 옛 조상들은 금줄을 치면 나

쁜 악귀가 아이에게 해를 끼치지 못한다고 믿었어요. 아들을 낳으면 볏짚으로 꼰 새끼줄에 숯과 빨간 고추를 끼우고, 딸을 낳으면 숯과 소나무 가지를 끼웠지요.

"영감, 대문 앞에 숯을 끼운 금줄을 치면 우리 덕이가 못 들어오지 않을까요?"

김 첨지의 아내는 걱정스러운 듯 말했어요.

"아니, 그게 무슨 말이요?"

"숯은 귀신을 막는다고 하지 않아요? 우리 덕이도 이제는 귀신인데, 아들이 보고 싶어서 왔다가 숯을 보고는 집에도 못 들어오고 그냥 돌아가면 어떻게 해요?"

"당신 말도 맞긴 하지만 숯을 뺐다가 나쁜 귀신이 우리 손자에게 붙으면 어쩌겠소? 그냥 끼워 둡시다."

김 첨지와 아내는 죽은 덕이가 불쌍했지만 할 수 없이 숯을 끼운 금줄을 그냥 두었어요.

아들을 낳은 곱단이는 시아버지와 시어머니를 정성껏 모시며 아들을 훌륭하게 키웠어요. 김 첨지 부부도 며느리를 아끼고 사랑하며 오래오래 잘 살았답니다.

요즘은 숯을 보기가 쉽지 않지요? 하지만 기름이나 전기를 사

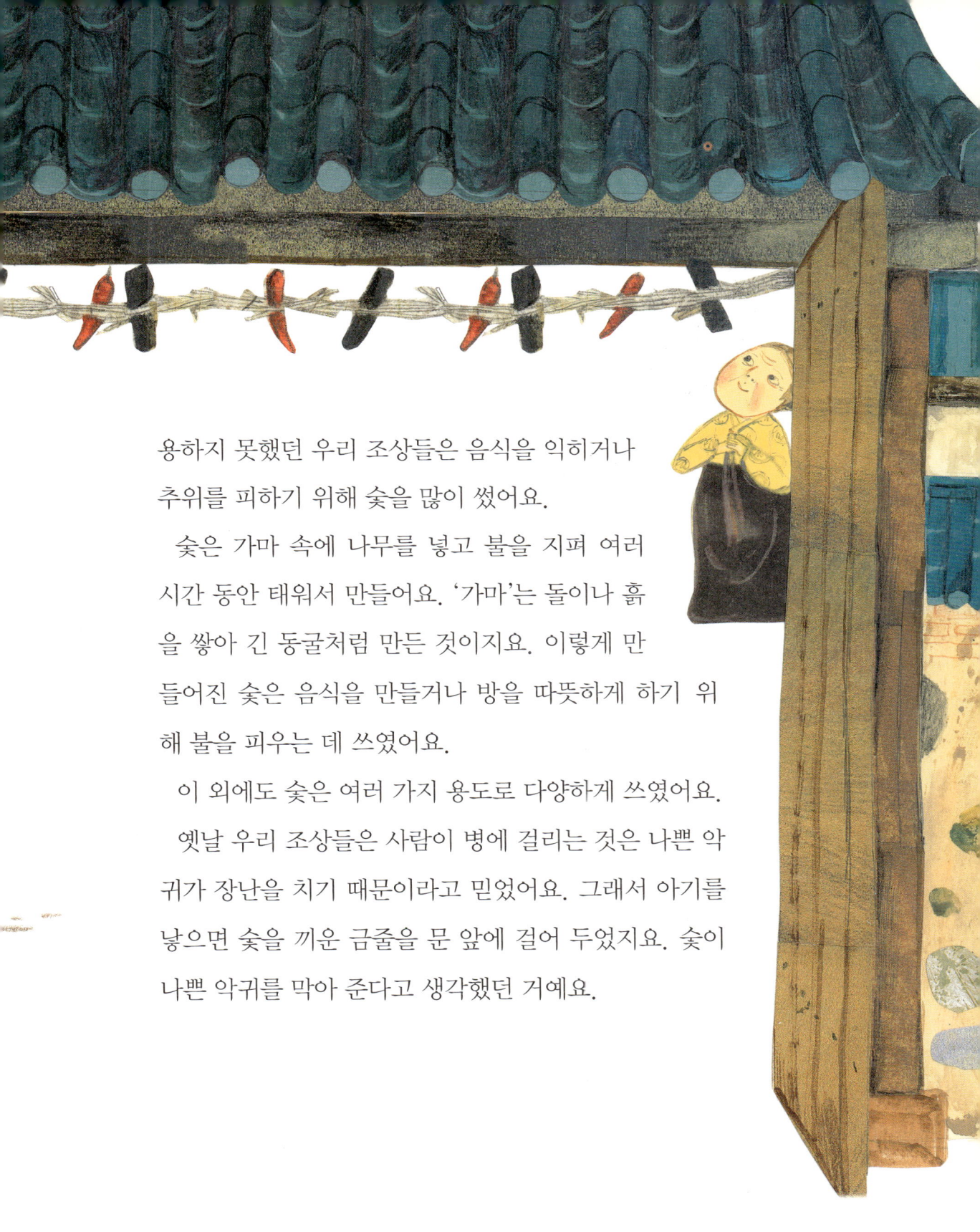

용하지 못했던 우리 조상들은 음식을 익히거나 추위를 피하기 위해 숯을 많이 썼어요.

숯은 가마 속에 나무를 넣고 불을 지펴 여러 시간 동안 태워서 만들어요. '가마'는 돌이나 흙을 쌓아 긴 동굴처럼 만든 것이지요. 이렇게 만들어진 숯은 음식을 만들거나 방을 따뜻하게 하기 위해 불을 피우는 데 쓰였어요.

이 외에도 숯은 여러 가지 용도로 다양하게 쓰였어요.

옛날 우리 조상들은 사람이 병에 걸리는 것은 나쁜 악귀가 장난을 치기 때문이라고 믿었어요. 그래서 아기를 낳으면 숯을 끼운 금줄을 문 앞에 걸어 두었지요. 숯이 나쁜 악귀를 막아 준다고 생각했던 거예요.

불순물 제거를 위해 달궈진 숯을 장독에 넣고 있어요.

그런데 숯에는 정말로 나쁜 균을 막는 힘이 있어요. 그래서 간장이나 된장을 만들 때면 숯을 꼭 넣었지요. 간장은 소금물에 메주를 띄워 만드는데, 이때 숯을 빠뜨리지 말고 꼭 넣어야 해요. 만약 숯을 넣지 않으면 나쁜 균들이 들어가 메주가 썩어 버리거든요. 그러면 구수한 된장도 짭짤한 간장도 만들 수 없게 되지요.

숯은 나쁜 균을 막는 것 말고도 또 다른 일을 하지요.

우리 조상들은 우물을 만들 때 우물 밑바닥에 숯을 깔았어요.

깊은 땅 속에 흐르는 지하수를 찾아 우물을 만들다 보면 물의 흐름을 끊어 놓게 되지요. 그러면 물이 고이게 되고, 고인 물은 썩게 마련이에요. 사람들이 썩은 물을 계속 먹는다면 큰 병에 걸려 곧 죽게 될 거예요. 하지만 우물 밑에 숯을 깔아 놓으면 물의 흐름이 좋아져 항상 맑은 물이 흐르게 돼요. 게다가 숯에는 물맛을 좋게 하는 성분이 들어 있어 일석이조이지요.

또 숯은 문화재를 보호하는 데도 쓰이고 있어요. 해인사에 보관되어 있는 팔만대장경은 고려 때 만들어진 것이에요. 이 팔만대장경은 나무판에 글자를 새겨 놓은 것으로, 그 수가 8만여 개라 해서 팔만대장경이라 부르지요. 나무로 만든 팔만대장경은 만들어진 지 8백여 년이 다 되가고 있지만 지금까지도 처음 모양 그대로 유지하고 있어요.

팔만대장경이 잘 보존될 수 있었던 것은 팔만대장경을 보관하는 장경판전 바닥에 깔린 숯과 소금 덕이에요. 숯이 장경판전 안의 물기를 빨아들여 나무판이 썩는 것을 막아 주기 때문이지요.

이 밖에도 숯은 나무보다 높은 열을 내어 철을 녹일 때도 쓰였고, 여자들의 얼굴에 바르는 하얀 분을 만드는 데도 쓰였답니다.

조상들이 소중히 여겼던 불씨

옛날 우리 조상들은 불씨를 아주 소중하게 생각했어요. 그래서 "불씨를 꺼뜨린 여자는 집안을 망친다."라고 말하기도 했지요. 전깃불이 없던 옛날에는 어떻게 불을 사용했는지 알아보아요.

불은 추위를 막아 주고 음식을 익혀 주기 때문에 옛날부터 불씨는 절대 함부로 대해서는 안 될 소중한 것이었어요. 그래서 딸을 시집보내는 어머니는 작은 주머니에 조연제를 넣어 주었어요. '조연제'는 약해진 불을 살리는 가루이지요. 또한 새 집에 이사할 때도 제일 먼저 불씨를 옮겼어요. 불씨가 있어야 아궁이에서 음식을 익히고 방을 따뜻하게 할 수 있었거든요. 여행을 할 때도 불씨를 가지

우리의 옛 어른들은 불씨가 한 집안이 번성하고 망하는 것을 나타낸다고 여겨 대단히 중요하게 생각했답니다~!

어두운 밤을 밝혀 주는 청사초롱이에요.

고 다니면서 밥을 지어 먹었지요.

　뿐만 아니라 불씨를 등잔이나 초롱에 옮겨 어둠을 밝히기도 했어요.

　'등잔'에 불을 켜기 위해서 우선 작은 그릇에 참기름이나 들기름 또는 동물에서 짜낸 기름을 담았어요. 그리고 그 기름에 실을 꽂아 불을 붙였지요. 전깃불이 들어오기 전까지 밤을 밝히는 데 널리 이용되었어요.

　'초'는 신라 시대 때부터 만들어졌어요. 하지만 초를 만드는 재료를 구하기가 어려워 고려 시대 때까지는 궁중에서만 주로 사용하다가 조선 후기에야 널리 이용되었지요.

　'초롱'은 외출할 때 길을 밝혀 주던 도구예요. 나무나 철사로 만든 뼈대에 종이나 천을 덮어 만들었어요. 그리고 그 안에 초를 세워 불을 붙였지요. 이렇게 하면 바람에도 촛불이 꺼지지 않았답니다.

등잔불

고려청자 촛대

"고맙네. 자네 부부가 아니었으면 나는 눈 속에서 얼어 죽었을 거야."

"건강해지셔서 저희도 기쁩니다."

며칠 전 최 서방은 눈 속에 쓰러져 있던 한 노인을 집으로 업고 왔어요. 최 서방의 아내는 소중히 아껴 두었던 쌀로 죽을 쑤었어요. 쌀죽을 먹은 노인의 얼굴에는 생기가 돌기 시작했어요. 그러더니 하루가 다르게 기운을 차려 아지랑이 피어오를 때쯤이 되자 아주 건강해졌어요.

"최 서방, 내가 떠나기 전에 자네에게 한 가지 알려 줄 것이 있네. 자네 집터는 복을 받는 집터일세. 그런데 대문이 잘못되었어. 지금 자네 집이 가난한 것은 대문이 강 쪽으로 나 있기 때문이라네. 만약 저 들 쪽으로 새 대문을 낸다면 자네 집에 좋은 일이 생길 걸세. 그리고 대문을 새로 내면 많은 사람들이 찾아올 테니 잘 대접해 주게나."

　최 서방은 노인이 떠나자 벽을 허물고 들 쪽으로 대문을 냈어요. 그랬더니 최 서방이 하는 일은 무엇이든지 다 잘 되었어요. 똑같은 넓이의 논에서 농사를 지어도 최 서방네 논에서는 훨씬 많은 쌀을 거두어들일 수 있었지요.
　최 서방은 10년 만에 큰 부자가 되었어요. 그래서 여러 개의 창고가 있는 커다란 기와집도 짓게 되었어요.
　그런데 최 서방이 들 쪽으로 대문을 낸 뒤로 나그네나 가난한 사람들이 최 서방의 집을 자주 찾아왔어요. 그럴 때마다 최 서방은 따뜻한 밥을 지어 주고, 노자도 넉넉히 주었지요.
　"여보, 이제 더는 못 참겠어요. 대문을 다시 강 쪽으로 냅시다. 그러면 우리 쌀을 축내는 사람들이 안 찾아올 거예요."
　어느 날 최 서방의 아내가 짜증 섞인 목소리로 말했어요.
　"대문을 들 쪽으로 낸 다음부터 우리는 부자가 되었소. 그리고

그 노인이 우리 집을 찾아오는 사람들에게 잘해 주라고 하지 않았소? 대문은 그냥 둡시다."

"참 답답하시네요. 나그네와 가난뱅이들에게 잘해줘 봤자 무슨 득이 있겠어요? 우리 쌀이나 축내지. 그 쌀만 아껴서 모아도 지금보다 더 큰 부자가 될 거예요. 그리고 우린 이미 부자인데, 대문 방향을 바꾼다고 해서 무슨 큰일이 일어나겠어요?"

부자가 된 최 서방의 아내는 욕심이 생겼어요. 그래서 불쌍한 사람들에게 베푸는 것을 아깝게 생각하게 되었지요.

"좋소. 당신 말대로 대문 방향을 다시 바꿉시다."

최 서방은 아내의 말을 따라 들 쪽으로 난 대문을 막고 강물 쪽으로 대문을 냈어요.

"이렇게 하니까 좋구려. 강도 잘 보이고."

"그것 보세요. 시원한 게 좋지요?"

　강 쪽으로 새 대문을 내자 최 서방네 집에서 묵고 있던 나그네와 가난한 사람들은 모두 떠나갔어요.
　"보세요. 대문 방향을 바꾸니까 우리 쌀을 축내던 사람들이 모두 떠나잖아요."
　그런데 대문의 방향을 바꾸자 최 서방네에는 나

뻔 일이 생기기 시작했어요. 3년 동안이나 큰 흉년이 들어 논에서는 쌀이 한 가마니도 나오지 않았어요. 튼튼하던 아들도 시름시름 앓다 죽고 말았지요.

"이게 무슨 날벼락인가? 자식 죽고, 농사도 안 되고……."

최 서방과 아내는 땅이 꺼지도록 한숨만 쉬었어요.

그때 오래전에 최 서방네서 머물었던 노인이 찾아왔어요.

"쯧쯧쯧, 내가 뭐라고 했나? 대문은 꼭 들 쪽으로 내라고 하지 않았나?"

"어이구, 노인 어른! 저희가 어떻게 하면 좋을지 방법을 가르쳐 주십시오. 다시 대문을 들 쪽으로 내면 될까요?"

최 서방은 노인의 다리를 붙잡고 사정했어요. 하지만 노인은

고개를 저었어요.

"이제 자네 부부의 운은 다했네. 좋은 땅도 복을 받을 만한 사람을 만나야 그 값을 하는 걸세. 예전의 자네 부부는 좋은 땅을 얻을 만큼 착한 사람들이었네. 하지만 불쌍한 사람들에게 베푸는 것을 아깝게 생각하는 자네들은 이제 더는 좋은 땅을 얻을 자격이 없네. 그럼 잘 있게나."

노인은 이 말을 남기고 멀리 떠나버렸어요.

좋은 땅을 찾는 일을 '풍수지리'라고 해요. 대부분의 사람들은 풍수지리라고 하면 좋은 땅에 조상을 묻어 후손들이 덕을 보는 일이라고 생각하지요. 하지만 풍수지리에는 '바람을 다스리고 물을 잡을 수 있는 땅을 연구한다.'는 뜻이 들어 있어요.

풍수지리는 아주 먼 옛날부터 시작되었어요. 떠돌이 생활을 하던 사람들은 집을 짓고 마을을 세울 좋은 땅을 찾았지요. 먼저 물이 가까이 있고, 햇볕이 잘 드는 곳을 찾았어요. 또 바람이 너무 세게 불지 않으면서 선선한 바람이 부는 곳을 찾았어요. 이렇게 사람이 살기 좋은 땅을 고르는 것이 풍수지리의 시작이었어요.

그 뒤 풍수지리는 산과 들과 강이 만들어 내는 땅의 모양을 연구하는 복잡한 학문으로 발전하게 되었어요. 도읍을 정하는 일에서부터 초가집 한 채를 짓는 데까지 풍수지리를 이용했지요.

고려의 왕건은 좋은 땅에 집을 지어 임금이 되었다고 해요. 또 조선의 이성계는 좋은 땅에 도읍을 정하기 위해 전국의 여러 곳을 찾아다니도록 했어요. 그래서 새로운 도읍지로 뽑히게 된 곳이 한양이라 불렸던 지금의 서울이지요.

풍수지리를 중요하게 생각했던 일본 사람들은 일제 시대에 우리나라 땅 가운데 좋은 기운이 솟는 곳들을 찾아냈어요. 그리고

일본이 우리의 맥을 끊기 위해 박아놓았던 철근들이에요.

　그곳에 좋은 기운이 퍼지지 못하도록 큰 쇠로 만든 말뚝을 박았어요. 이렇게 하면 우리나라에 좋은 일도 생기지도 않고, 훌륭한 사람도 태어나지 못할 것이라고 여겼던 거지요.

　그래서 우리나라에서는 1995년부터 '쇠말뚝 뽑기 운동'을 시작하여 일본이 우리나라 곳곳에 몰래 박아 놓은 쇠말뚝을 뽑는 작업을 계속하고 있답니다.

　풍수지리는 오늘날에도 널리 쓰이고 있어요. 땅속을 흐르는 지하수를 찾아내는 일, 건물의 방향을 결정하는 일 등에도 이용하고 있지요. 또 댐을 만들 장소를 정할 때, 집터나 묘지 등을 정할 때에도 이용하고 있답니다.

백두 낭자·한라 도령과 함께 배우는 생활 속 전통과학

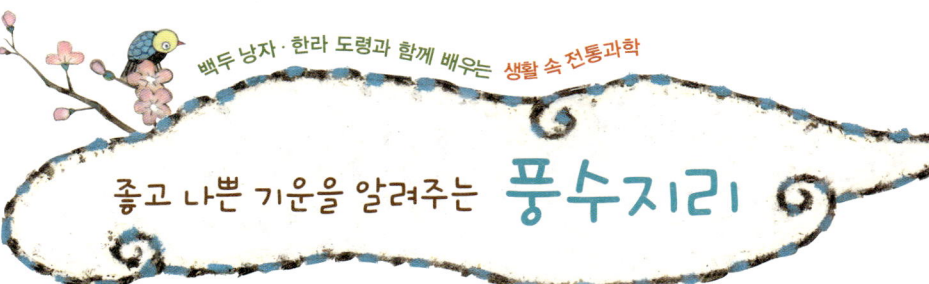

좋고 나쁜 기운을 알려주는 풍수지리

"이사 간 집터가 안 좋아서 집안이 망했대.", "좋은 곳에 조상의 묘를 써서 후손이 복을 받고 있대." 등과 같은 말을 들어 본 적이 있지요? 모두 우리나라의 풍수지리와 관련된 이야기들이에요. 풍수지리 사상이 사람들에게 어떻게 영향을 끼쳤고, 또 끼치고 있는지 알아보아요.

'배산임수'라는 단어를 들어 본 적이 있나요? 뒤에는 산이 있고 앞에는 물이 있어야 한다는 풍수지리 사상에서 나온 말이에요.

풍수지리에 따르면 땅속에는 살아 꿈틀대는 정기가 있어서 일정한 길을 따라 움직인대요. 그래서 이러한 기를 받고 태어난 사람은 복을 받고, 또 이러한 기가 뭉쳐진 곳에 집을 지으면 집도 운이 좋아져서 부자가 된다고 해요.

즉 풍수지리는 집터나 마을 터, 도읍지 터, 무덤 자리의 좋고 나쁨이 인간에게

조선의 도읍지가 한양이 된 것도 풍수지리 사상 때문이에요.

커다란 영향을 끼친다는 운명 신앙이라고 할 수 있어요.

비록 과학적으로 인정받지 못해서 미신이라 말하는 사람들을 설득하기에는 부족하지만, 풍수지리 사상은 우리가 살고 있는 환경에 대해 또 다른 생각을 가지고 볼 수 있도록 도와주고, 사람과 자연의 친화를 돕는 지혜로운 택지 선택 방법이라고 할 수 있어요.

그래서 중국, 일본, 대만 등 동양의 여러 나라들은 물론이고, 이제는 미국, 영국, 독일 등 서양의 여러 나라에서도 풍수지리에 맞춘 건축과 인테리어가 인기를 끌고 있어요.

공장이나 사무실, 저택과 고층 빌딩 등을 지을 때 풍수지리 전문가들의 도움을 받는다거나, 집안의 기를 원활하게 흐르게 가구의 배치나 디자인, 컬러 등을 고려해 배치하도록 하는 풍수지리 인테리어가 대표적인 예랍니다.

현관문과 마주 보는 위치에 거울을 두지 마세요. 복이 들어왔다가 돌아 나간다거든요.

청국장 냄새를 맡은 값

· 발효 식품 ·

옛날, 어느 작은 마을에 박 씨와 이 씨 두 사람이 앞뒷집에 살고 있었어요.

"이 씨 저 사람은 큰일이야. 아낄 줄을 모른다니까. 어떻게 된 사람이 쓸 만한 물건도 저리 함부로 버리나? 그러니 살림이 늘 저 모양이지."

박 씨는 무엇이든 헤프게 쓰는 이 씨가 마음에 들지 않았어요.

"돈만 많으면 뭐 해? 자기 건 아까워서 모셔 두고 남의 걸 빌려다 막 쓰고, 그러니 마을 사람들이 다 싫어하지."

이 씨는 지나치게 자기 것만 아끼는 욕심 많은 박 씨가 얄미웠어요. 이렇게 성격이 다른 두 사람은 길거리에서 우연히 마주치는 것조차 싫어했어요.

가을걷이가 끝난 어느 날, 이 씨는 아내에게 말했어요.

"여보, 삶은 콩이 먹고 싶구려. 가마솥에 한 가득 삶구려."

삶은 콩은 이 씨가 가장 좋아하는 간식이었어요.

"아니, 그렇게나 많이 삶아요?"

"내가 삶으라고 하면 삶지, 무슨 말이 그리 많소!"

아내는 할 수 없이 큰 가마솥에 한 가득 콩을 삶았어요. 이 씨는 삶은 콩을 그릇에 담아 따뜻한 방 아랫목에 두고는 생각날 때

마다 꺼내 먹었어요.

그러던 어느 날, 콩을 먹으려던 이 씨는 깜짝 놀라고 말았어요.

"아니, 이게 뭐야?"

콩에서 나온 하얀 진 때문에 콩들이 서로 엉겨 붙어 있었어요. 이 씨는 코를 대고 냄새를 맡아 보았어요.

"아이고, 냄새야! 냄새가 지독한 걸 보니 곰팡이가 피었나 보군. 못 먹게 되었으니 버려야겠다."

이 씨는 그릇에 반이나 남아 있던 콩을 길옆 밭에 버렸어요.

얼마 뒤 길을 가던 박 씨가 밭에 버려진 콩을 보게 되었어요.

"아니, 누가 이 아까운 콩을 버린 거야? 좀 이상한 냄새가 나긴 하지만 끓여 먹으면 괜찮을 것 같구먼."

박 씨는 그릇을 가져와 콩을 주워 담았어요.

그날 저녁에 박 씨의 아내는 진이 생긴 삶은 콩에 여러 가지 양념을 넣고 찌개를 끓였어요. 찌개 끓이는 냄새는 금세 부엌을 빠져나와 바람을 타고 이 씨의 집까지 날아갔어요.

"흠흠, 이게 무슨 냄새지? 아까 버린 콩 냄새 같기도 하고……. 아니, 그 냄새보다는 구수한데……."

이 씨는 저도 모르게 앞집 박 씨네 담에 붙어 코를 벌름거리며

63

냄새를 맡았어요. 그런데 그만 박 씨가 그 모습을 보고 말았어요.
"이보게, 자네 지금 우리 집 음식 냄새를 맡고 있는 건가?"
박 씨는 따지듯 물었어요.
"아니, 냄새 맡는 것도 죄인가?"
"암, 내 집의 음식 냄새를 맡았으니 돈을 내야지. 앞뒷집 사는 처지에 많이 받을 수도 없고, 닷 냥만 내게나."
"그런 억지가 어딨나?"
"억지라니? 남의 집 음식 냄새를 맛있게 맡았으면 당연히 돈을 내야지."
이 씨는 하도 기가 막혀서 말도 잘 나오지 않았어요. 하지만 욕심 많은 박 씨가 떼를 쓰니 다른 방법이 없었지요.
"좋네. 여기 닷 냥일세. 근데 지금 자네 집에서 끓이고 있는 음식이 뭔가? 아주 구수한 냄새가 나네그려."

"누가 밭에 삶은 콩을 버렸지 뭔가? 그래서 주워다 찌개를 끓이는 중이라네. 금방 맛을 좀 봤는데 맛도 아주 그만이던걸."

박 씨의 말을 들은 이 씨는 땅을 치고 후회했어요.

'아이고! 내가 왜 그 콩을 버렸을까?'

그 뒤 이 씨와 박 씨는 겨울이면 삶은 콩을 방에 두었다가 맛있는 찌개를 끓여 먹게 되었지요.

삶은 콩에서 끈끈한 진이 나와 엉겨 붙은 것을 본 적이 있나요? 삶은 콩을 따뜻한 곳에 두면 콩에서 끈끈한 진이 나오면서 썩는 냄새 같으면서도 구수한 냄새가 나지요. 이것은 모두 콩이 발효

하기 때문에 일어나는 일이에요.

　음식물을 오래 두면 곰팡이가 피지요? 그런데 이때 생기는 곰팡이나 우리 눈에 보이지 않는 작은 미생물들은 음식물에 달라붙어서 음식을 변화시켜요. 이때 우리 몸에 해로운 음식으로 변하면 '썩는다'고 해요. 반대로 우리 몸에 좋은 음식으로 변하면 '발효한다'고 하지요.

　발효된 음식에는 우리 몸에 좋은 영양소가 아주 많이 들어 있어요. 뿐만 아니라 병을 예방하는 성분도 들어 있지요. 요즘 전 세계적으로 발효 음식을 많이 먹는 것도 이런 이유 때문이에요.

발효된 콩을 다시 한 번 발효시키기 위해 네모난 메주로 만들어 햇볕에 말리고 있어요.

그런데 우리가 먹는 전통 음식에는 발효 음식이 참 많아요.

청국장, 된장, 간장 같은 장류는 모두 콩을 발효시킨 음식이지요. 청국장은 삶은 콩을 한 번 발효시킨 것이에요. 발효된 콩을 네모난 메주로 만들어 몇 달에 걸쳐 다시 한 번 발효시킨 다음, 이것을 소금물에 담가 메주 물을 우려낸 것이 간장이에요. 그리고 소금물에서 꺼낸 메주가 된장이 되지요.

또한 우리 밥상에 빠지지 않는 김치도 대표적인 발효 음식 중 하나예요.

김치는 원래 겨울에 채소를 먹기 위해 무나 배추를 물과 소금에 절인 데서 시작되었어요. 그러다가 여러 가지 양념과 젓갈, 채소가 더해져서 오늘날과 같은 김치가 되었지요. 김치를 담근 후 며칠이 지나면 김치가 익지요. 이렇게 김치가 익는 것이 바로 김치의 발효예요.

김치에는 소화를 도와주고 우리 몸의 여러 기관들이 움직이는 데 필요한 영양소들이 골고루 들어 있어요. 그래서 김치의 좋은 점이 세계에 알려지면서 다른 여러 나라 사람들도 우리나라에서 수출하는 김치를 먹고 있지요.

김치에 들어가는 젓갈 역시 발효 음식이에요. 젓갈은 여러 가지 해산물에 소금을 넣어 발효시킨 것이지요. 이때 젓갈에 넣는 소금은 해산물이 썩는 것을 막아주므로 반드시 들어가야 해요.

시원하게 마시는 식혜도 발효 음식이에요. 식혜는 밥을 엿기름으로 삭혀서 만들어요. 장의 운동을 도와 소화가 되지 않을 때 마시면 좋지요. 이 밖에 막걸리나 엿, 식초 등도 발효 음식에 속한답니다.

백두 낭자·한라 도령과 함께 배우는 생활 속 전통과학

음식을 오래 보관하는
건조법과 염장법

우리 조상들은 옛날부터 정월 대보름날이면 여러 가지 곡식을 넣은 오곡밥과 나물들을 먹었어요. 한겨울에 어떻게 여러 가지 나물들을 먹을 수 있었는지 알아보아요.

가을에 거두어들인 나물들을 말려서 잘 보관해 두었기 때문이에요.

요즘에는 한겨울에도 파릇파릇한 채소들을 얼마든지 먹을 수 있어요. 하지만 예전에는 그렇지 않았지요. 그래서 한겨울에 채소를 먹기 위해 가을에 미리 김치를 담그고 채소들을 말렸어요. 채소를 말려 물기를 없애면 쉽게 썩지 않아서 오랫동안 먹을 수 있거든요.

이렇게 음식거리를 말려서 보관하는 방법을 '건조법'이라고 해요. 수분을 줄여서 음식이 빨리 썩는 것을 막는 방법이지

> 맛도 좋고 영양도 풍부한 미역을 건조시키고 있군요.

요. 우리 조상들은 채소뿐만 아니라 생선이나 김, 미역 등도 말려서 보관했어요. 이때 생선은 쉽게 상하기 때문에 썩히지 않고 말리려고 내장이나 머리 따위를 떼어 내고 손질해서 말렸답니다.

음식을 오래 보관하는 방법에는 말리는 것 말고도 소금에 절여 두었다가 먹는 방법도 있어요. 이러한 방법을 '염장법'이라고 하지요. 썩기 쉬운 생선이나 채소를 저장할 때 쓰는 방법 중 하나로 젓갈과 자반, 장아찌 등의 반찬이 이에 속한답니다.

장아찌는 염장법으로 만든 대표적인 음식이에요. 오이나 깻잎, 마늘, 고추 같은 채소들을 잘 씻어 소금물에 담가 두면 적당하게 간이 배고 또 썩지 않아 오랫동안 먹을 수 있게 되지요.

간혹 파는 음식에는 오랫동안 썩지 않도록 여러 가지 약품을 넣기도 해요. 이러한 약품은 우리 몸에 무척 해롭지요. 하지만 건조법이나 염장법은 우리 몸에 아무런 해를 주지 않으며 음식물을 오랫동안 보관할 수 있는, 조상들의 지혜가 담긴 아주 과학적인 방법이랍니다.

이야, 여러 종류의 장아찌들이 모두 모여 있네~!

항아리로 맺어진 인연

· 옹기 ·

"분이야, 이제 옛날에 살던 집으로 돌아가자꾸나."

김 서방은 3년 전 떠나왔던 집으로 돌아가기로 마음먹었어요.

원래 김 서방과 그의 딸 분이는 깊은 산속에 살았어요. 분이의 엄마는 분이가 어렸을 때 세상을 떠났고, 김 서방이 혼자서 애지중지 딸을 키워 왔었지요.

그런데 3년 전, 나라에 큰일이 일어났어요. 오랑캐가 쳐들어온 거예요. 젊은이들은 너 나 할 것 없이 나라를 구하기 위해서 싸움터로 나갔어요. 하지만 오랑캐를 막아 내는 일은 그리 쉽지 않았어요.

오랑캐들이 몰려온다는 소식을 들은 김 서방은 급히 짐을 꾸려 분이를 데리고 피난길에 올랐어요. 그리고 오랑캐를 피해 여기저기를 떠돌아다니며 힘겹게 살았어요.

마침내 3년 동안이나 계속되던 전쟁이 끝났어요. 싸움터에 나갔던 젊은이들이 돌아오고, 피난을 떠났던 사람들도 하나둘 고향으로 돌아왔어요. 김 서방도 분이를 데리고 산 속 집으로 돌아왔지요.

옛집은 다행히 그대로 남아 있었어요. 김 서방은 차디찬 방바닥에 누우며 중얼거렸어요.

"그 무서운 전쟁도 끝나고, 이렇게 집도 남아 있으니 천만다행이구나."

날이 밝자 분이는 아침 밥상을 가져왔어요. 하지만 밥상 위에는 나물을 넣고 끓인 된장국 한 그릇과 물 한 대접뿐이었어요.

"아버지, 죄송해요. 집을 너무 오래 비워 두었더니 먹을 만한 게 아무것도 없어요."

"전쟁을 치렀으니 먹을 게 어디 있겠느냐? 그런데 이 된장은 어디서 났느냐?"

"3년 전 집을 떠날 때 두고 갔던 항아리 안에 된장이 반이나 남아 있더라고요. 맛은 하나도 안 변했길래 국을 끓여 봤어요. 좀 드셔 보세요."

"그래? 이거라도 있으니 정말 다행이구나."

분이는 날마다 산을 돌아다니며 먹을 만한 것을 찾아보았지만 고작 나물과 열매가 전부였어요. 그래도 항아리에 남아 있던 된장 덕에 된장국이라도 먹을 수 있었지요.

　그러던 어느 날, 한 젊은이가 김 서방의 집을 찾아왔어요.
"주인어른, 산 속에서 길을 잃었습니다. 제발 하룻밤만 재워 주십시오."
　젊은이의 딱한 사정을 듣게 된 김 서방은 흔쾌히 허락해 주었어요.
　분이는 정성껏 끓인 된장국을 젊은이에게 가져다 주었어요. 젊은이는 눈 깜짝할 사이에 한 그릇을 후딱 먹어 치웠어요.
"먼 길을 걸어오셨을 텐데 된장국밖에 드리지 못해 죄송해요."
"아닙니다. 이렇게 맛있는 된장국을 얼마 만에 먹어 보는지 모릅니다."
"전쟁 중에 항아리가 깨지지 않고 남아 있어 그나마 된장국이라도 먹을 수 있는 거지요. 다 항아리 덕이랍니다."
　김 서방의 말을 들은 젊은이는 고개를 갸웃거리며 물었어요.
"항아리 덕이라니, 그게 무슨 말씀이신지요?"
"전쟁이 터지자 딸을 데리고 피난을 갔었지요. 전쟁이 끝나고

돌아와 보니 항아리 안에 3년 전에 담가 두었던 된장이 그대로 있지 뭡니까? 그러니 굶지 않는 게 다 항아리 덕이지요."

가만히 얘기를 듣고 있던 젊은이는 갑자기 김 서방에게 큰절을 올렸어요.

"젊은이, 왜 갑자기 절을 하는 거요?"

김 서방이 놀라서 묻자, 젊은이는 자기 이야기를 하기 시작했어요.

원래 젊은이는 항아리 같은 옹기를 만드는 옹기장이였대요. 하지만 옹기를 잘 만들어도 칭찬해 주는 사람이 하나도 없자, 옹기 만드는 일이 싫어졌어요. 옹기는 중요한 물건이 아니라고 생각하게 되었어요. 그래서 전쟁이 나자 군대에 들어갔는데, 전쟁이 끝

나서 무슨 일을 해야 할지 몰라 떠돌아다니던 중이었던 거예요.

"옹기에 넣어 둔 된장이 3년이 지난 지금까지 변하지 않았다니……. 저는 주인어른의 말을 듣고서야 옹기가 얼마나 대단한 물건인지 알게 되었습니다. 내일부터 당장 옹기 만드는 일을 시작해야겠습니다."

젊은이는 이튿날부터 다시 옹기 만드는 일을 시작했어요. 옹기 하나하나에 온 정성을 쏟아 만들었지요. 뒤에 젊은이와 분이는 혼인을 하여 오래오래 행복하게 살았대요.

항아리에 담아 두었던 된장이 3년이 지나도록 썩지 않았다는 사실이 믿어지나요? 냉장고에 넣어 둔 음식도 며칠이 지나면 상하는데 말이에요.

하지만 항아리에 넣어 둔 된장이나 간장은 관리만 잘 하면 5년, 7년 뒤에도 먹을 수 있어요. 이렇게 음식을 오래 보관할 수 있는 것은 항아리, 즉 옹기 덕분이에요.

'옹기'는 흙으로 빚어 만든 다음 불에 구워 낸 그릇들을 말해요. 작은 뚝배기에서부터 어른이 들어갈 수 있을 만큼 큰 항아리까지 크기와 쓰임새에 따라 여러 종류로 나누어지지요.

옹기에 음식을 오랫동안 보관할 수 있는 것은 옹기의 몸에 나

있는 아주 작은 구멍들 때문이에요. 그 작은 구멍으로 공기가 통하기 때문에 음식이 썩지 않는 거예요. 집에 항아리가 있다면 항아리 안에 불붙인 종이를 한번 넣어 보세요. 그러면 항아리 몸에서 김이 모락모락 빠져 나오는 걸 볼 수 있을 거예요. 물론 항아리 입구는 꼭 막아야겠지요.

　이렇게 항아리가 안은 공기가 통하기 때문에 그 속에 든 음식이 썩지 않고 발효될 수 있어요. 우리 전통 음식에는 발효를 이용해 만든 것이 참 많아요. 이렇게 발효 음식을 많이 만들 수 있었던 것도 모두 항아리 덕분이지요.

　또 옹기는 여름철의 뜨거운 열을 막고 겨울의 차가운 기운을 막아 주어요. 여름에 옹기로 된 컵을 한번 써 보세요. 옹기 컵이 뜨거운 열을 막아 주어 시원한 물을 마실 수 있어요.

　옹기는 이렇게 좋은 점이 참 많지만, 만드는 데는 손이 많이 가고 복잡해요. 먼저 진흙을 물에 섞어 고운 흙을 가라앉혀요. 그 고운 흙을 모아 햇볕과 바람에 잘 말려요. 이렇게 준비된 찰흙에 모래, 백토를 비율에 맞게 섞어 반죽한 다음 물레에 올리고 돌려요. '물레'는 그릇을 만들기 편하도록 넓은 판이 빙글빙글 돌아가게 만든 기구예요.

물레 위에서 돌아가는 흙을 손으로 만지며 여러 가지 모양과 크기의 옹기를 만들어요. 다 빚은 옹기는 햇볕에 말린 뒤 잿물을 입혀 다시 한 번 말려요. 그런 다음 가마에 넣고 불을 때서 굽는데, 보통 7~8일 동안 계속 굽지요. 이때 가마의 온도는 1200도 이상의 고온을 유지해 주어야 좋은 옹기를 만들 수 있답니다.

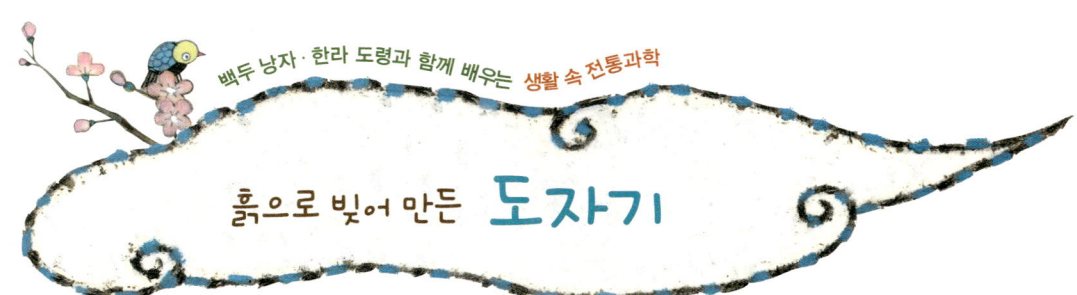

흙으로 빚어 만든 도자기

백두 낭자·한라 도령과 함께 배우는 생활 속 전통과학

흙으로 빚어 불에 구운 그릇을 '도자기'라고 해요. 이 도자기는 만드는 방법에 따라 토기, 도기, 석기, 자기로 나누어져요. 이름에 따라 어떻게 다른지 알아보아요.

    사람들은 불을 사용하기 시작한 때부터 도자기를 만들었어요. 가장 처음 만들어진 도자기는 토기예요. 흙으로 그릇 모양을 만든 다음 말렸다가 불에 구운 것이지요.

    처음에 만들어진 토기는 밑이 뾰족한 삼각뿔처럼 생겼어요. 세워 두면 금방 쓰러질 것 같은데 왜 그렇게 만들었느냐고요? 강 주변에 살던 사람들이 모래에 토기를 세운 뒤 그 주위에 불을 피워 음식을 익혀 먹었기 때문이에요. 그후 시간이 지나면서 쓰임에 따라 여러 가지 모양이 다른 토기들이 만들어졌지요.

빗살무늬토기

모래에 쉽게 세울 수 있도록 끝을 뾰족하게 만든거군요~!

토기 다음에 만들어진 것은 도기예요. 도기는 흙으로 만든 그릇에 잿물을 입혀 구운 것이지요. 잿물을 입혀서 구우면 고운 빛깔이 나고 그릇 표면에 막이 생겨요.

석기는 도기와 자기의 중간쯤 되는 점토를 재료로 하여 단번에 구워낸 것이에요. 몸체가 단단하여 두드리면 쇠붙이와 같은 금속성 소리가 나고 돌 같은 느낌을 준답니다.

자기는 도자기 중에서 가장 손이 많이 가요. 자기도 도기처럼 먼저 불에 한 번 구운 뒤에 유약을 발라 다시 한 번 구워 내지요. 유약에 따라 그 색깔이 달라지는데, 그릇으로 사용하기 위해서도 만들었지만 모양을 감상하기 위해서도 많이 만들었어요. 특히 고려 시대에 만들어진 상감 청자는 다른 나라 사람들도 탐낼 만큼 매우 아름답지요.

또한 조선 시대에 만들어진 백자는 하얀색으로 수수하고 은은한 아름다움을 풍겼답니다.

청자 사이호 (귀가 넷 달린 도자기)

그릇에 모양을 새기고 하얀 흙으로 모양 안을 메운 뒤, 유약을 발라 구웠어요.

백자 달 항아리

치자 열매와 쪽풀로
물들인 옷감

· 천연 염색 ·

"너희는 둘 다 며느리로 삼고 싶을 만큼 훌륭한 처녀들이다. 하지만 아들이 하나이니 며느리도 한 사람밖에 될 수가 없구나. 그래서 내가 문제를 하나 내려고 한다. 한 달 동안 너희가 입을 옷을 한 벌씩 만들어 오거라. 옷 만드는 솜씨를 보고 며느리를 뽑도록 하겠다."

오 정승은 자매에게 이렇게 말했어요.

오 정승에게는 벼슬길에 나가기 전 함께 공부하던 친구가 있었어요. 두 친구는 공부를 마치고 헤어지면서 한 가지 약속을 했어요. 나중에 각자 혼인을 하여 아이들이 생기면 사돈을 맺자는 것이었지요.

세월이 흘러 오 정승은 높은 벼슬에까지 오르고 혼인을 하여 아들 하나를 두었어요. 오 정승은 아들이 혼인할 나이가 되자 옛 친구와의 약속을 지키려고 친구를 찾았어요. 하지만 친구는 이미 오래 전에 세상을 떠나고 없었어요. 오 정승은 친구는 죽었지만 약속대로 친구의 딸과 아들을 혼인시키기로 했지요.

그런데 죽은 친구에게는 딸이 둘이니 고민이었지요. 큰딸은 죽은 친구의 첫째 부인이 낳은 딸이었어요. 작은딸은 첫째 부인이 죽은 뒤 둘째 부인이 들어와 낳은 딸이었고요. 죽은 친구의 아내는 자기가 낳은 작은딸을 입에 침이 마르도록 칭찬했어요. 하지만 오 정승은 쉽게 결정을 내리지 못했어요. 그래서 옷 만들기 시험 문제를 내게 된 것이지요.

"애야, 너는 이 천으로 옷을 만들도록 해라. 이것은 중국에서 들여온 귀한 천이니 옷을 만들어 입으면 선녀처럼 고울 거다."

어머니는 자기가 낳은 작은딸에게 고운 색깔의 중국 비단을 주었어요.

"큰애 너는 이 무명으로 옷을 만들거라."

계모는 큰딸에게 하얀 무명을 던져 주었어요. 하지만 큰딸은 불평 한마디 하지 않고 하얀 무명을 받았어요.

'이렇게 하얀 천으로 옷을 만들면 깨끗해 보이기는 하겠지만 곱지는 않을텐데……. 어떡하지?'

큰딸은 마당을 거닐면서 고민했어요. 그때 담장 가에 노랗게 익은 치자 열매가 눈에 띄었어요.

'아, 그래. 예전에 어머니께서 마당에 핀 풀과 열매만으로도 예쁜 색깔의 옷감을 만들 수 있다고 하셨지.'

큰딸은 돌아가신 어머니가 했던 이야기가 떠올랐어요. 어머니는 마당에 핀 풀들로 염색을 해서 예쁜 색깔의 옷을 만들어 주곤 하셨지요.

'그땐 너무 어려서 물들이는 방법을 제대로 배우지 못했는데……. 하지만 어떻게든 해봐야겠어.'

큰딸은 담장 가에 열린 노란 치자 열매를 따 모았어요. 그리고 치자 열매를 옷감에 대고 문질러 보았어요. 하지만 옷감에는 노란 물이 살짝 묻기만 하고 지저분해졌지요.

'치자 열매를 문지르는 건 아닌가 봐.'

이번에는 치자 열매를 으깨어 찬물에 담가 보았어요. 찬물이 옅은 노란색으로 변했지

만 옷감에 물을 들이기에는 너무 옅었어요.

  큰딸은 다시 물을 들이기 위해 치자 열대를 으깨어 부엌으로 들어갔어요. 그런데 잘못해서 끓여 놓은 따뜻한 물에 으깬 치자 열매를 떨어뜨려 버렸어요. 그러자 치자에서 샛노란 물이 나왔어요.

  '아, 치자는 뜨거운 물에 넣는 거구나.'

  큰딸은 으깬 치자 열매의 껍질과 알맹이를 뜨거운 물에 담갔어요. 그러자 물은 샛노랗게 변했어요. 큰딸은 그 노란 물에 저고리 만들 옷감을 담갔어요.

  다음 날 큰딸은 아침 일찍 일어나 마당가에 자란 쪽풀을 뜯어 물에 담가 두었어요. 항아리 안에는 점점 푸른빛 물이 가득 우러났지요. 큰딸은 기뻐하며 치마 만들 옷감을 푸른빛 물에 담갔어요. 하지만 염색은 되지 않고 옷감 여기저기에 얼룩이 묻은 것처럼 푸른 물이 들었어요.

'뭔가 빠진 게 틀림없어. 옛날에 어머니는 푸른 물을 들일 때 무슨 재를 넣으셨던 것 같은데…….'

큰딸은 푸른 물에 여러 가지 재를 넣어 보았어요. 하지만 예쁜 푸른색은 만들어지지 않았어요. 며칠을 고민하던 딸은 쪽풀을 우려 낸 물에 굴 껍질을 태운 재를 넣었어요. 그러자 항아리 아래쪽에 검푸른 색의 덩어리가 생겼어요.

"그래! 바로 이 덩어리야."

검푸른 덩어리를 잿물에 풀자 예쁜 푸른색 물이 만들어졌어요. 큰딸은 바로 그 푸른빛 물에 치마 만들 옷감을 담갔지요.

약속한 한 달이 지나자 오 정승은 두 딸을 불렀어요. 작은 딸은 중국 비단으로 만든 광택 나는 옷을 입고 나타났어요. 큰딸은 샛노란 저고리에 고운 푸른색 치마를 입었지요. 오 정승은 두 딸을 보며 말했어요.

"작은애가 입은 옷은 중국 비단으로 만들었나 보구나. 광택이

나고 예쁜 걸. 그런데 큰애야, 네가 입고 있는 옷 색깔도 아주 곱구나. 그 옷감은 어디서 났느냐?"

"예, 흰 무명천에 치자 열매와 쪽풀로 물을 들였습니다."

큰딸의 대답을 들은 오 정승은 무릎을 치며 기뻐했어요.

"무명으로도 이렇게 예쁜 옷을 만들다니! 네가 바로 내 며느릿감이로다. 비싼 중국 비단이 아무리 곱다 한들 쪽빛이나 치잣빛보다 곱겠느냐?"

이렇게 해서 큰딸은 오 정승의 며느리가 되어 오래오래 행복하게 살았답니다.

천연 염료를 이용하여 염색한 옷감이에요.

　예부터 우리 조상들은 옷감에 여러 가지 색깔을 들여서 옷을 만들기도 했어요.

　주로 푸른색, 노란색, 빨간색, 자주색 물을 많이 들였어요. 빨간색 물을 들일 때에는 홍화꽃과 꼭두서니, 소방목을 주로 사용하였고, 노란색 물을 들일 때에는 치자나무와 황벽나무, 울금, 화연, 회화나무를 사용하였어요. 또 자주색은 지치라는 식물의 뿌리에서 얻었고요.

　이 밖에도 많은 식물에서 다양한 염료를 얻었어요. '염료'란 옷감에 색깔을 들이는 데 필요한 물을 말해요. 먹물에 식초를 타면 회색 염료가 되고, 주황색을 들일 때는 금잔화 달인 물을 썼어요. 또 갈색 염료는 뽕나무 줄기에서 뽑아냈지요.

염료를 얻어 내는 방법은 식물에 따라 조금씩 달랐어요. 또 같은 식물이라도 만드는 방법에 따라 다른 색깔의 염료가 되지요. 예를 들어 쪽풀을 담갔던 물에 굴 껍질 태운 재를 넣으면 푸른색 염료가 돼요. 하지만 쪽풀의 즙을 얼음물에 섞으면 옥색 염료를 만들 수 있어요. 또한 염료에 옷감을 얼마 동안 담가 두느냐에 따라서도 색깔이 달라진답니다.

이처럼 우리 조상들은 모든 색깔의 염료를 나무나 꽃 등에서 얻었어요. 이러한 염료들은 대개 식물들에서 얻은 것이기 때문에 우리 몸에도 자극이 없고, 몸에 있던 균을 없애 주기도 해요. 또한 염색 폐수의 피해를 줄일 수 있어 수질 오염도 막아 준답니다.

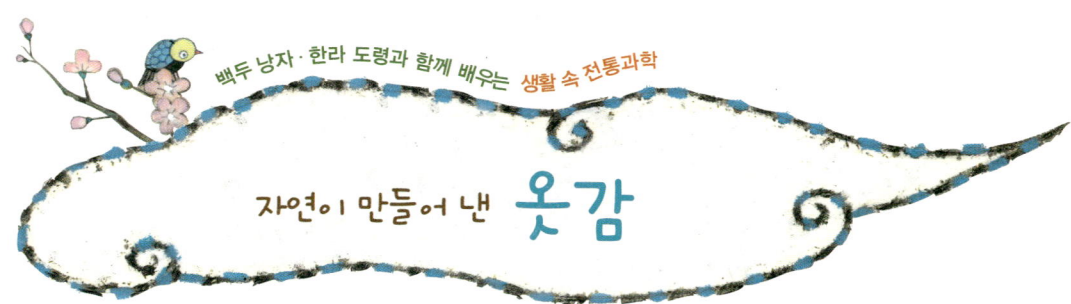

백두 낭자·한라 도령과 함께 배우는 생활 속 전통과학

자연이 만들어 낸 옷감

우리 조상들은 베, 모시, 무명, 명주로 옷을 만들어 입었어요. 이런 옷감들은 모두 식물이나 동물에서 얻은 원료로 만들었지요. 계절에 어울리는 옷감에는 어떤 것이 있는지 알아보아요.

우리가 흔히 '삼베'라고도 부르는 베는 신석기 시대부터 있었던 옷감이에요. 베는 삼이라는 키가 큰 풀로 만들어요. 삼을 베어다 삶아 가늘게 찢어 실을 만든 다음 베틀에 걸어 옷감을 짰지요. 삼베는 뻣뻣하고 바람이 잘 통해서 여름에 입으면 아주 시원해요. 하지만 날씨가 추워지면 쉽게 부서지기 때문에 한여름에 입는 옷을 만드는 데 적당하지요.

베틀에 앉아 삼베를 짜고 있는 모습이에요.

베와 함께 여름 옷감으로 좋은 것이 '모시'예요. 모시도 베와 마찬가지로 모시라는 풀로 실을 만들어 짠 옷감이지요. 모시는 옷을 만들면 바람도 잘 통하고 옷 모양도 예뻐서 베보다 훨씬 귀한 천이었어요.

여름뿐만 아니라 어느 계절에나 널리 이용된 옷감에는 '무명'이 있었어요. 무명은 목화솜에서 실을 뽑아 짠 옷감이지요. 고려 말 문익점이 중국에서 목화씨를 가져와서 우리나라에 무명이 들어왔어요. 무명으로 만든 옷은 어느 계절에나 입을 수 있을 만큼 튼튼했어요. 그래서 일반 백성들은 직접 무명으로 만든 옷을 입었어요.

흔히 비단이라고 부르는 '명주'는 아주 귀한 옷감이었어요. 명주는 누에나방의 고치에서 뽑은 실로 만든 거예요. 귀하고 비싸서 양반들이나 입을 수 있는 옷감이었지요. 명주는 짜는 방법에 따라 사계절 모두 입을 수 있었어요. 능견, 명주 모시, 노방 등 여러 가지로 나누어졌지요.

이렇게 우리 조상들은 자연에서 옷감을 얻었어요. 그리고 옷감의 특성을 잘 이용하여 옷을 만들어 계절에 따라 시원하게 또는 따뜻하게 보냈답니다.

누에고치에서 뽑은 명주로 만든 옷은 양반들만 입을 수 있는 귀한 옷이었답니다.

벌레를 막아 주는
신비한 비결

· 옻칠 ·

"큰일 났습니다. 큰일 났어요!"

"네 이놈, 조용히 못 할까! 이곳에 올 때는 항상 몸과 마음을 조심하라 했거늘 왜 이리 호들갑이냐?"

이 서방은 큰스님의 꾸중을 듣고 머리를 긁적였어요.

"잘못했습니다, 스님. 하도 급한 일이라서 저도 모르게 그만……."

"그래, 무슨 일인지 말해 보거라."

"큰일 났습니다. 벌레가 또 경판을 갉아 먹어버려서 글자가 엉망이 되었습니다."

이 서방은 꾸중 들은 일을 금방 잊어버리고 또다시 호들갑을 떨었어요.

"무엇이라고? 벌레가 또? 어디 한번 보자."

이 서방의 말대로 경판의 글씨는 벌레들이 갉아 먹어서 엉망이 되어 있었어요. 불경이 새겨진 나무판을 '경판'이라고 부르지요.

"부처님, 저희들의 정성이 부족한 탓입니까?"

큰스님은 경판을 들고 한숨을 쉬었어요.

고려 시대에는 온 국민이 불교의 가르침을 믿고 따랐어요. 나라에서도 불교를 중요하게 여겼지요. 그래서 불교의 경전을 나무

판에 새기는 일을 많이 했어요. 나무판에 경전을 새기는 일이 곧 부처님에게 정성을 다하는 일이라고 생각했던 거예요. 또 경전을 나무판에 새겨 두면 한꺼번에 많은 책을 만들 수 있었지요.

 글자가 새겨진 나무판에 먹물을 발라 종이에 찍는 것을 '목판 인쇄'라고 해요. 하지만 목판 인쇄에 필요한 나무판을 만들고 보관하는 일은 그리 쉽지 않았어요. 나무판은 잘 썩고 쉽게 휘어졌거든요.

 그래서 나무판 하나를 만드는 데도 많은 정성과 노력을 들였어

요. 먼저 나무판을 만들려면 좋은 나무부터 골라야 해요. 질 좋은 후박나무와 수나무를 모아 바닷물에 3년 동안 담가 두었다가 소금물에 삶아 그늘에 말리지요. 이렇게 준비된 나무를 곱게 다듬으면 나무판 하나가 만들어져요.

나무판에 글씨를 새긴 다음에는 경판 네 귀퉁이에 나무를 덧대었어요. 경판이 뒤틀리지 않게 하기 위해서지요.

"경판 한 장을 만드는 데도 몇 년씩 걸리는데, 벌레가 먹어 못 쓰게 되다니……. 무슨 좋은 방법이 없을까?"

사람들의 걱정은 이만저만이 아니었어요. 경판이 썩거나 뒤틀리는 것을 막기 위해 많은 애를 썼지만, 벌레가 경판을 갉아 먹는 것은 막을 수가 없었어요.

집에 돌아온 이 서방은 저녁 밥상 앞에서도 온통 경판 생각뿐이었어요.

'어떻게 하면 벌레가 경판을 갉아 먹는 것을 막을 수 있을까? 방법을 빨리 찾지 않으면 큰일인데…….'

숟가락을 들었지만 밥맛이 영 없었어요.

'오늘은 영 밥맛이 없군. 몇 십 년을 보아 온 밥상마저도 싫으니…….'

그런데 무심코 밥상을 내려다보던 이 서방은 깜짝 놀랐어요.

"이 밥상은 어머니가 시집오실 때 해오신 거라고 했는데……. 40년이 훨씬 넘도록 벌레 먹은 곳이 하나도 없다니?"

정말 놀라운 일이었어요. 경판은 1년이 멀다 하고 벌레가 갉아먹는데 40년이 넘은 밥상은 아무렇지도 않았거든요.

'어째서 이 밥상은 벌레가 갉아먹지 않은 걸까?'

이 서방은 며칠을 궁리한 끝에 밥상 만드는 곳을 찾아갔어요. 그러고는 아무 말 없이 밥상 만드는 것을 지켜보았어요. 나무를 다듬어 뚝딱뚝딱 상을 만드는 과정 중에서는 별로 특별한 것이 없었어요. 그런데 상을 다 만든 목수는 검붉은 물을 상 표면에 쓱쓱

바르기 시작했어요.

"바로 저거야! 저것이 벌레를 막아 주는 게 틀림없어."

그 검붉은 물은 옻나무에서 얻은 진으로 만든 것이었어요. 이 서방은 그길로 그 물을 얻어 경판에 칠을 했어요. 그랬더니 시간이 흘러도 벌레가 경판을 갉아 먹지 못했어요.

이렇게 해서 모든 경판에 옻칠을 하게 되었어요. 옻칠을 한 경판들은 8백여 년이 지난 지금까지도 잘 보존되어 있지요.

제사 때 쓰는 나무 그릇이나 나무로 만든 상에 붉거나 검은 색이 칠해져 있는 것을 본 적이 있지요? 이 나무 그릇이나 상에 칠해진 색은 요즘 흔히 보는 페인트나 물감의 색과는 달라요.

벌레가 갉아 먹지 못하도록 모두 옻칠을 해서 그런 것이랍니다.

옻나무는 원래 중국에서 자라던 나무예요. 중국에서는 옻나무를 '칠나무'라고 부르지요. 우리나라에서는 이것을 '옻나무'라 부르고, 나무에서 얻은 진도 '옻'이라고 불렀어요. '옻칠 한다'는 말은 곧 옻나무 진을 칠

한다는 말이지요.

　옻나무가 우리나라에 들어온 것은 옻칠을 하기 위해서였어요. 처음에는 밭에 옻나무를 키웠어요. 그러던 것이 산으로 퍼져 나가 요즘에는 우리나라 어느 산에서든 볼 수 있게 되었지요.

　옻칠이 시작된 것은 아주 오래 전부터예요. 우리나라에서 발견된 가장 오래된 나무 그릇은 삼국 시대 훨씬 이전에 만들어진 것이에요. 물론 그 그릇에도 옻칠이 되어 있었지요. 또 신라 때는 옻칠을 관리하는 벼슬아치가 따로 있었어요.

　우리 조상들은 나무로 만든 상이나 그릇, 부채, 가구, 관 등에 옻칠을 했어요. 옻칠을 하면 벌레가 갉아 먹는 것을 막을 수 있고, 높은 열에도 견딜 수 있거든요. 그래서 한번 옻칠을 한 물건은 50년 이상 쓸 수 있었지요.

　옻칠의 원료인 옻나무 진을 얻는 일은 쉽지 않아요. 먼저 옻나무에 V자 모양의 상처를 내요. 그러면 거기서 물 같은 진이 흘러 나오지요. 이 진이 공기에 닿으면 검은색으로 변하면서 단단하게 굳어요. 이것을 불에 구워 가면서 떼어 내어 옻을 얻는 거지요.

　이렇게 얻은 옻은 질이 아주 뛰어났어요. 그래서 중국에서도 '옻칠은 신라 칠이 제일'이라며 우리나라 옻칠을 귀히 여겼어요.

옻나무 진은 공기에 닿으면 검은색으로 변한답니다.

   그러나 옻나무를 만질 때에는 조심을 해야 해요. 옻나무에서 나오는 진에는 강한 독이 들어 있어서 직접 만지면 가렵고 피부가 부풀어 오르거든요. 그래서 피부병보다 옻독이 더 무섭다는 말까지 생겼어요.

   하지만 '독도 잘 쓰면 약이 된다.'라는 말이 있듯이 옻독은 무섭지만 기생충이 있거나 심하게 체했을 때, 기침이 심할 때에는 옻나무를 삶아 먹으면 좋아요. 옻이 나쁜 피를 없애주고, 기생충을 죽이는 효과가 있기 때문이에요. 단, 닭이나 오리와 같은 단백질 식품과 함께 가열해 먹어야 해요. 단백질이 옻독을 없애 주기 때문이랍니다.

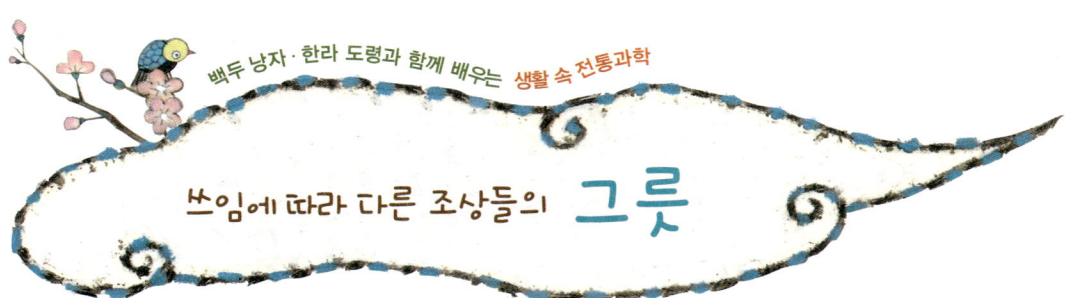

쓰임에 따라 다른 조상들의 그릇

백두 낭자·한라 도령과 함께 배우는 생활 속 전통과학

여러분은 지금 어떤 그릇을 쓰고 있나요? 요즘은 유리나 스테인리스, 플라스틱 그릇을 많이 쓰고 있지만, 옛날에는 흙으로 빚어 만든 옹기나 자기 등을 주로 썼어요. 우리 조상들이 주로 사용했던 여러 가지 그릇의 종류와 그 용도에 대해서 알아보아요.

옹기는 공기가 잘 통하는 그릇으로 주로 음식을 보관하고 저장, 발효시키는 데 많이 사용했어요.

특히 옹기 뚝배기에는 된장찌개를 끓여 먹었어요. 뚝배기는 불에 직접 올려놓아도 깨지거나 터지지 않아요. 또 기름이 잘 배지 않고 그 안에 든 음식이 쉽게 식지 않기 때문에 설렁탕이나 곰탕 같은 음식을 담았어요.

김장독 항아리

인간 문화재 이종각 선생님이 만든 전통 옹기예요.

반면 직접 음식을 담아 상에 놓고 먹는 그릇으로는 주로 자기를 썼어요. 요즘도 우리가 많이 쓰고 있는 사기 그릇이 바로 자기 그릇이지요.

　옹기나 자기와 함께 목기나 유기도 썼어요. 목기는 나무로 그릇을 만들어 옻칠을 한 거예요. 옻칠을 한 목기에 음식을 담아 두면 잘 상하지 않아요.

　흔히 놋그릇이라고 부르는 유기는 놋쇠로 만든 그릇이에요. 유기는 주물 유기와 방짜 유기로 나누어지는데, 쇳물을 끓여 틀에 부어서 만든 것이 주물 유기이고 불에 구워 두들겨 만든 것이 방짜 유기예요. 무엇이 잘 들어맞을 때 '안성맞춤'이라는 말을 쓰지요? 그것은 바로 안성에서 만든 유물 유기가 아주 잘 만들어졌다고 해서 생긴 말이에요.

　유기는 음식을 담으면 오랫동안 따뜻하게 보관할 수 있기 때문에 겨울에 주로 쓰였어요. 또한 독이 든 음식을 담으면 파랗게 변해 버리기 때문에 쉽게 구별해 낼 수 있답니다.

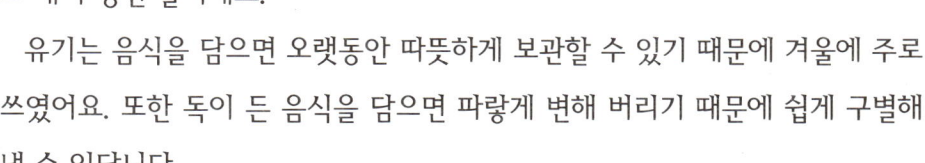

자기

방짜유기

목기

빨래를 해서
어머니를 살린 딸
· 천연 세제 ·

옛날, 작은 마을에 홀어머니가 딸을 키우며 살고 있었어요. 어머니는 낮에는 남의 집 일을 하고 밤에는 삯바느질을 해서 딸을 키웠어요.

이렇게 키운 딸이 어느 새 나이가 들어 시집을 갔어요. 어머니는 시집간 딸을 그리워하며 날마다 눈물로 지샜어요. 하지만 딸은 어머니를 보러 올 수가 없었어요. 옛날에는 시집간 딸은 친정에 오기가 어려웠거든요.

그러던 어느 날, 딸이 드디어 어머니를 만나러 왔어요. 딸은 기쁜 마음에 대문을 들어서면서 어머니를 불렀어요. 하지만 집은 쥐 죽은 듯 조용했어요.

방문을 연 딸은 깜짝 놀라고 말았어요.

"어머니, 정신 차리세요!"

방 안에는 어머니가 혼자 누워 있었어요. 딸은 누워 있는 어머니를 흔들었어요. 어머니는 겨우 눈을 떴어요.

"죽기 전에 네 얼굴 한번 보는 것이 소원이었는데……. 이제 널 봤으니 됐다."

딸이 급히 의원을 불러왔지만 의원은 고개를 절레절레 흔들 뿐이었어요.

"어머님의 병환이 너무 깊어 어쩔 수가 없습니다."

"안 됩니다, 의원님. 저는 여태까지 어머니께 효도 한번 하지 못했어요. 이렇게 몸이 편찮으신 것도 모르고……."

딸의 두 눈에서는 눈물이 주르르 흘렀어요.

"따님 마음은 잘 알겠지만 다른 방법이 없습니다. 옥황상제님께 부탁해 보면 모를까……."

의원의 말을 들은 딸은 옥황상제를 만나기 위해 집을 나섰어요. 신고 있던 신이 다 헤졌지만 딸은 쉬지 않고 걸었지요.

길을 떠난 지 백 일 만에 드디어 딸은 옥황상제를 만날 수 있게 되었어요.

"옥황상제님, 제 어머니는 절 키우시느라 밤낮없이 고생만 하셨습니다. 하지만 저는 딸이라서 시집을 간 후에는 어머니를 모시지도 못했고, 어머니께서 편찮으셔서 누워 계신 것도 몰랐습니다. 부디 어머니께 효도할 수 있도록 어머니를 살려 주십시오."

딸은 옥황상제 앞에 무릎을 꿇고 간절하게 부탁을 했어요.

"어머니를 살리기 위해서 여기까지 찾아오다니 정말 기특하구나. 하지만 네 어머니가 죽는 것은 이미 결정된 일이라 어쩔 수가 없구나."

"안 됩니다, 옥황상제님! 무슨 일이라도 하겠습니다. 제발 어머니를 살려 주십시오."

이윽고 한참을 고민하던 옥황상제님은 입을 열었어요.

"좋다. 저 냇가에 쌓인 빨래를 깨끗하게 빨아 놓으면 네 어머니를 살려 주겠다."

냇가에 산처럼 높게 쌓인 빨래에는 모두 때가 새까맣게 묻어 있었어요. 딸은 소매를 걷어붙이고 빨래를 하기 시작했어요. 빨래를 물에 담가 박박 문지르고 방망이로 세게 두들겼지요. 하지만 빨래는 조금도 깨끗해지지 않았어요.

딸은 돌로 옷에 묻은 때를 문질러 봤어요. 이번에는 때가 좀 빠지는 듯했지만 옷에 금세 구멍이 났어요.

딸의 눈에서 굵은 눈물방울이 뚝뚝 떨어졌어요.

'어떡하지? 빨래를 깨끗하게 다 하지 못하면 불쌍한 우리 어머

니는 돌아가실텐데.'

"애야, 그만 울고 어서 짚이나 마른 풀들을 모아 오너라."

딸은 깜짝 놀라 고개를 들었어요. 그곳에는 머리가 하얀 할머니 한 분이 웃으며 서 있었어요.

"자, 어서 짚이나 마른 풀을 모아 오너라. 시간이 없단다."

딸은 어리둥절했지만 할머니가 시키는 대로 짚과 마른 풀들을 모아 왔어요. 그러자 할머니는 그것들을 태우기 시작했어요. 한참이 지나자, 짚과 마른 풀들은 모두 타서 고운 재가 되었어요.

"이 재를 모아 시루에 넣거라."

시루에는 짚이 깔려 있었어요. '시루'는 바닥에 구멍이 여러 개 뚫린 큰 그릇이에요. 딸은 재를 조심스럽게 모아 짚 위에 놓았어요. 잠시 후 할머니가 천천히 재에 물을 붓자 시루 밑으로 불그스름한 물이 흘러 나왔어요.

"자, 이제 잿물이 다 만들어졌으니 빨래를 해 보거라."

딸은 빨래에 잿물을 묻혀 힘껏 비벼 보았어요. 그랬더니 거짓말처럼 때가 빠지기 시작했어요. 할머니는 잿물에 빨래를 삶아 보라고도 했어요. 딸은 큰 가마솥에 빨래와 잿물을 넣고 푹푹 삶았어요. 그러자 까맣게 때가 묻어 있던 빨래들이 모두 깨끗해졌어요.

"할머니, 고맙습니다! 모두 할머니 덕분입니다!"

딸은 이렇게 말하며 할머니를 찾았어요. 하지만 할머니는 이미 어디론가 사라져 보이지 않았어요.

빨래를 다 마친 딸은 옥황상제에게서 어머니를 살려 주겠다는 약속을 받았지요.

서둘러 집에 돌아온 딸은 깜짝 놀랐어요. 어머니가 보이지 않았기 때문이에요. 딸은 땅바닥에 털썩 주저앉아 버렸어요.

그때였어요.

"여보, 여기서 뭐 하고 있소? 어서 우리 집으로 갑시다. 장모님은 이미 예전에 병환이 나아 당신을 기다리고 계신다오."

고개를 들자, 그곳엔 남편이 웃으며 서 있었어요. 아내가 어머니를 살리기 위해 옥황상제를 만나러 갔다는 말을 전해들은 남편은 장모님을 집으로 모셔갔대요. 장모님도 함께 모시기로 마음먹은 것이지요. 그 뒤 딸과 그녀의 남편은 양쪽 부모님을 모시며 오래오래 행복하게 살았답니다.

옷이나 몸에 묻은 때는 그냥 물에 씻으면 잘 빠지지 않아요. 때는 물에 잘 녹지 않는 성질을 가지고 있기 때문이에요. 그래서 때가 잘 빠질 수 있도록 도와주는 비누나 세제가 만들어지게 된 거예요. 이런 비누나 세제가 널리 쓰이게 된 지는 백 년도 채 안 되었어요. 하지만 우리 조상들은 아주 오래 전부터 훌륭한 비누를 만들어 썼어요. 바로 잿물과 창포 삶은 물이에요. 잿물은 식물이 타고 남은 재에서 얻은 물이에요. 빨래의 때를 빼는 데 썼지요.

반면에 창포 삶은 물로는 몸을 씻었어요. 창포는 물이 많은 곳에서 자라는 식물이에요. 요즘 우리가 흔히 보는 창포는 산에서 자라는 것으로 산창포이지요.

창포에 머리를 감고 있어요!

　우리 조상들은 물가에 자라는 창포 잎을 삶아 그 물로 머리를 감았어요. 단옷날에 여자들은 창포를 삶은 물에 머리를 감는 풍습도 있었어요. 창포물에 머리를 감으면 깨끗해지고 머릿결이 좋아지거든요.

　창포 삶은 물로는 머리만 감은 게 아니라 목욕을 하기도 했어요. 창포 삶은 물로 목욕을 하면 피부가 고와지고 피부병을 예방할 수 있거든요. 또 창포 삶은 물에서는 향긋한 냄새가 나지요.

　잿물이나 창포 삶은 물은 모두 자연에서 얻은 것이에요. 그래서 합성 세제처럼 물을 오염시키지 않지요. 우리도 앞으로 자연을 보호하면서 몸과 주변을 깨끗이 했던 조상들의 지혜를 본받도록 해요.

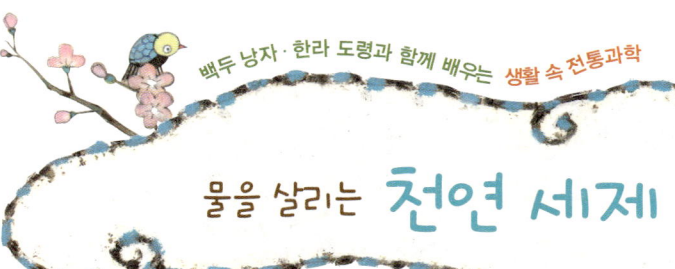

물을 살리는 천연 세제

 최근 우리나라의 어떤 강은 물고기가 살 수 없을 만큼 오염이 되었대요. 강물이 오염된 이유 중에는 합성 세제도 큰 영향을 끼쳤다고 해요. 합성 세제를 사용하지 않고 깨끗한 생활을 하는 방법에 대해 알아보아요.

    합성 세제는 옷을 빠는 데 쓰는 가루비누예요. 때는 물에 녹지 않는 성질을 가지고 있어요. 그래서 합성 세제가 때를 잡아 물에 녹게 하지요.

    그런데 우리가 쓰는 합성 세제에는 강한 독이 들어 있어요. 그래서 합성 세제가 강으로 그대로 흘러 들어가면 물에 사는 생물들이 죽고, 강물이 오염되지요. 또한 여기에서 나오는 비누 거품이 강물을 덮어 햇빛을 막아 버리면 강물은 햇

오염되어버린 강의 모습이에요.

빛을 쬐지 못해 썩고 말지요.

　그러면 이렇게 강물을 죽이는 무서운 합성 세제를 쓰지 않고 깨끗한 생활을 하는 방법에는 어떤 것들이 있을까요?

　먼저 머리를 감을 때에는 샴푸보다 비누를 쓰도록 해요. 비누는 미생물에 의해 쉽게 분해가 되거든요. 감은 후 머리카락이 건조해져 윤기가 없고 부스스해 보일 수 있는데요. 그럴 때에는 린스 대신 식초를 몇 방울 탄 물에 머리를 헹구면 머릿결이 한결 좋아지는 것을 느낄 수 있을 거예요. 또한 설거지를 할 때 주방 세제 대신 쌀 씻은 물이나 밀가루를 푼 물을 이용하면 그릇이 깨끗하게 닦여요. 옷을 입을 때 깨끗하게 입으면 빨래할 때 세제를 많이 쓰지 않아도 되니 이것도 하나의 방법이 되겠지요.

　이렇게 우리가 작은 것부터 하나하나 실천해 가면 그만큼 오염을 줄여 깨끗한 환경을 만들 수 있답니다.

쌀뜨물과 설탕, 유용미생물을 섞어 천연세제를 만들고 있어요.

환경을 위해 샴푸나 합성 세제는 적게 사용해요!

가마에서
살아난 아우

· 황토 ·

"형님, 잘못했습니다. 용서해 주십시오."

"네 이놈, 이것도 일이라고 했느냐?"

무릎을 꿇고 두 손을 싹싹 비는데도 형은 몽둥이로 아우를 마구 때렸어요. 마음씨 고약한 형은 아침부터 밤늦게까지 아우에게 일을 시켰어요. 그것도 모자라서 하루가 멀다 하고 때렸지요. 하지만 아우는 형이 아무리 고약하게 굴어도 불평 한마디 하지 않았어요.

한참 동안이나 아우를 때린 형은 몽둥이를 던지고는 말했어요.

"오늘 밤 안으로 짚신 열 켤레만 만들어 놔라. 내일은 새벽 일찍 길을 떠날 테니 늦잠 자지 말고!"

아우는 매 맞은 몸을 이끌고 헛간으로 가서 짚신을 삼기 시작했어요. 열 켤레나 삼으려니 한잠도 잘 수가 없었어요.

"닭이 운 지가 언제인데 아직까지 자고 있느냐? 어서 떠나자."

아우는 형을 따라 길을 떠났어요. 아우는 등에 큰 돌이라도 지고 가는 것처럼 힘이 들었어요. 아우는 며칠 동안 잠도 제대로 자지 못하고 혼자서 가을걷이를 해왔거든요. 게다가 어제는 매까지 흠씬 맞았던 터라, 하늘이 빙글빙글 돌고 그대로 쓰러져 버릴 것 같았어요.

아우는 겨우 입을 열어 형에게 물었어요.

"저 형님, 지금 어디 가시는 겁니까?"

"형이 가자면 조용히 따라올 것이지 무슨 말이 그리 많으냐?"

형은 불같이 화를 내며 산을 오르기 시작했어요. 아우는 난생처음 와보는 산이었어요. 좀 천천히 올라갔으면 좋으련만 형은 조금도 쉬지 않고 산을 올랐어요.

해가 뉘엿뉘엿 질 때쯤이 되자, 형은 발을 멈추었어요.

"난 저 산 너머에 볼일을 보러 다녀올 테니 너는 여기서 기다리고 있거라."

형이 혼자 산을 넘어가자 아우는 땅에 털썩 주저앉았어요.

'아이고, 이제야 좀 쉬겠구나.'

아우는 비 오듯 흐른 땀을 식히며 형을 기다렸어요.

한편 형은 산을 넘으며 터져 나오는 웃음을 참느라고 어쩔 줄 몰라 했어요.

'이제 저 골칫덩어리 아우 놈을 다시는 안 봐도 되겠구나.'

형은 아우를 산속에 버리려고 일부러 데리고 간 것이었어요. 그것도 모르는 아우는 형이 돌아오기만을 기다리고 있었지요.

'이상하다. 형님이 왜 이리 늦으실까?'

아우는 옷깃을 여몄어요. 밤은 점점 깊어졌고, 날씨는 점점 추워졌어요.
'안 되겠어. 이렇게 있다가는 얼어 죽고 말거야. 어디 따뜻한 곳이라도 찾아봐야겠어.'
하지만 아우는 일어설 수조차 없었어요. 힘들고 지쳐서 몸이 말을 듣지 않았거든요. 그래서 엉금엉금 기기 시작했어요. 여기저기 나뭇가지에 긁히고 바위에 부딪히며 기었어요. 한참을 기어간 아우는 옹기를 굽는 가마터에 다다랐어요. '가마'는 옹기를 불에 굽기 위해 황토로 만든 긴 동굴처럼 생긴 곳이지요.
'가마 안에 들어가면 좀 따뜻하겠지.'
아우는 힘을 내서 가마 안으로 기어들어갔어요. 그러고는 벌렁

드러누웠어요. 세상이 빙글빙글 도는 듯했어요.

'아, 이대로 죽는가 보구나.'

아우는 그대로 정신을 잃고 말았어요.

"여보시오, 젊은이! 정신 좀 차리시오."

아우는 힘겹게 눈을 떴어요.

"꼼짝 않고 이틀이나 자길래 걱정 많이 했소. 이제 좀 정신이 드시오?"

"예. 그런데 할아버지는 누구신가요?"

"나는 이 가마에서 옹기를 굽는 가마 주인이오."

아우는 몸을 일으켰어요. 그런데 이상하게도 잠들기 전에는 죽을 만큼 피곤했던 몸이 가뿐해져 있었어요.

"허락도 없이 가마에 들어가서 죄송합니다. 산에서 길을 잃어버리는 바람에 추위를 피해 가마로 들어갔었습니다. 그런데 주인어른, 이상합니다. 제가 이 가마 안에 들어가기 전에는 곧 죽을 것처럼 피곤했는데 지금은 날아갈 듯 몸이 가볍습니다."

"황토 가마 안에서 한잠 자고 나면 몸이 가뿐해진다오. 황토 가마가 보약보다 낫거든. 암, 낫고말고."

아우는 신세를 갚기 위해 노인을 도와 옹기를 가마에 넣고 불 때는 일을 도와 주기로 했어요. 그렇게 몇 달이 지났어요.

"젊은이, 실은 내게 딸이 하나 있는데 아직 시집을 못 갔다오. 괜찮다면 내 딸과 혼인해서 여기서 같이 사는 게 어떻겠소?"

아우는 이제 형에게 돌아갈 수도 없을 것 같았어요.

그래서 노인의 딸과 혼인하여 아들, 딸을 낳고 행복하게 잘 살았답니다.

황토는 우리 주위에서 쉽게 볼 수 있는 흙이에요. 말 그대로 누르스름한 빛을 띠는 아주 고운 흙이지요. 미술 시간에 쓰는 찰흙이 바로 이 황토로 만들어진 것이랍니다. 황토를 물과 섞으면 말랑말랑하면서도 쉽게 붙였다 뗐다 할 수 있는 찰흙이 되지요.

그런데 산이나 들에서 얼마든지 볼 수 있는 이 황토에는 아주 놀라운 힘이 들어 있어요.

피로를 풀어 주고 기운을 북돋워 주는 데 아주 좋은 역할을 하거든요. 그래서 옛날 임금님들도 궁궐에 황토로 방을 만들고 그 안에 들어가 피로를 풀었다고 해요.

황토는 '살아 있는 흙'이라고도 해요. 황토 속에 다른 흙보다 더 많은 미생물들이 들어 있기 때문이에요. 이 미생물들은 숨을 쉬기 때문에 황토에 많은 공기가 들어가게 되지요. 그래서 황토에 심은 나무나 채소는 신선하고 맛이 좋은 거예요.

우리 조상들은 황토로 집을 짓고 살았어요. 돌이나 나무로 집의 뼈대를 세우고 바닥이나 벽, 부엌의 아궁이까지 모두 황토를 발라 만들었어요. 황토로 만든 집에서 살면 피로가 쉽게 풀려요.

경복궁 자경전은 황토담으로 둘러싸여 있어요~!

뿐만 아니라 황토는 공기를 잘 통하게 하기 때문에 집 안의 공기가 항상 신선했지요.

또한 우리 조상들은 황토를 감토, 적토, 복룡간, 오고와 등 61가지로 나누고 약으로 썼어요. 독을 해독하기 위해 감토를 썼고, 뜨거운 물에 데었을 때에는 적토를 발랐어요. 또 어지러울 때에는 복룡간을 먹고, 뼈가 부서졌을 때에는 오고와를 발랐어요.

황토가 우리 몸에 좋단 사실이 알려지면서 황토방, 황토 침대, 황토가 들어 있는 장판까지 나왔지요. 하지만 황토의 좋은 점들을 이미 모두 알고 있었던 우리 조상들은 아주 오랜 옛날부터 황토로 병을 고치고 집을 지으며 살아왔었답니다.

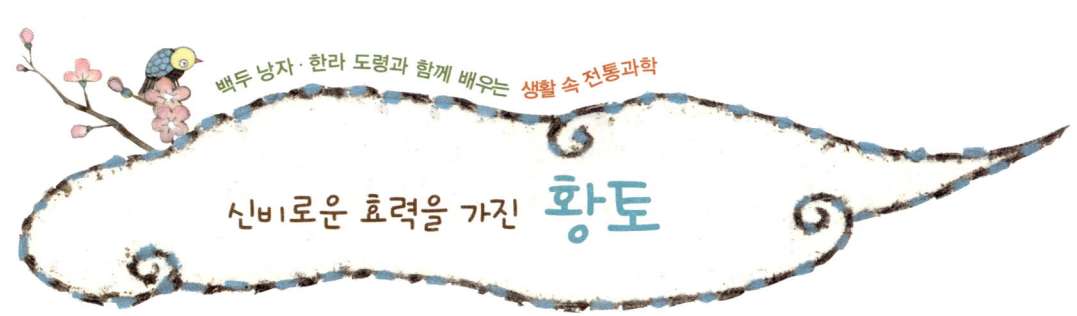

백두 낭자·한라 도령과 함께 배우는 생활 속 전통과학
신비로운 효력을 가진 황토

황토가 우리 몸에 좋다는 사실이 알려지면서 황토 침대, 황토 비누, 황토 팩 등 황토를 활용한 여러 가지 제품들이 나왔어요. 옛날 황토방에서 지혜를 얻은 황토 온돌방, 황토 찜질방 등 황토를 이용한 건강법도 사람들의 관심을 끌고 있고요. 황토의 어떤 점이 좋은지 알아보아요.

고려 시대 때에 만들어졌던 팔만대장경이 오랫동안 보존되어질 수 있었던 이유 중의 하나가 보관장소였던 장경각의 내부가 황토로 만들어졌기 때문이라고 해요. 황토가 습도조절과 통풍조절을 완벽하게 잘 해주었거든요. 또한 조선 시대 후기에 정조가 창경궁에 설치했던 규장각의 도서들도 규장각을 만드는데 사용했던 황토 덕분에 오래 보존되었다고 해요.

황토는 쉽게 부서지지 않는 점력을 지닌 흙으로, 물을

규장각에 있는 삼국유사예요. 이곳의 도서들이 지금까지 연구 자료로 사용될 수 있는 것도 황토의 역할이 컸다고 해요.

넣으면 찰흙으로 변하는 성질이 있어요. 또한 작은 틈을 통해 바람이 드나들어 실내 공기의 흐름을 원활하게 하여 쾌적한 온도를 유지해 주어요. 그래서 우리의 조상들은 옛날부터 황토를 이겨 방바닥을 깔고, 천장을 이고, 벽을 쳐서 황토 집을 만들었어요. 그리고 이곳에서 여름에는 무더위를 식히고, 겨울에는 매서운 추위와 바람을 막았지요.

　황토에는 원적외선이 많이 흡수되어 있어요. 원적외선은 태양에서 나오는 빛 중에서 우리 몸에 유익한 빛이지요. 원적외선이 우리 몸에 흡수되어 열을 받으면 맛사지 효과가 나타나서 혈액순환이 활발해져요. 그래서 어혈이 풀어지는 효과가 있어 노화 방지, 신진대사 촉진, 만성피로 등 각종 병 예방에 도움을 준답니다.

　또한 황토는 세균과 곰팡이 번식을 억제해주고, 해독작용과 정화작용이 뛰어나서 마음을 안정시키고 건강을 회복하는 데 많은 도움을 주는, 신비로운 효력을 가진 흙이랍니다.

황토집으로 된 전원주택단지예요.

황토로 벽과 천장을 꾸미고 황토침대까지 갖춰놓은 병원이에요.

교과가 튼튼해지는
우리 것 우리 얘기

부록

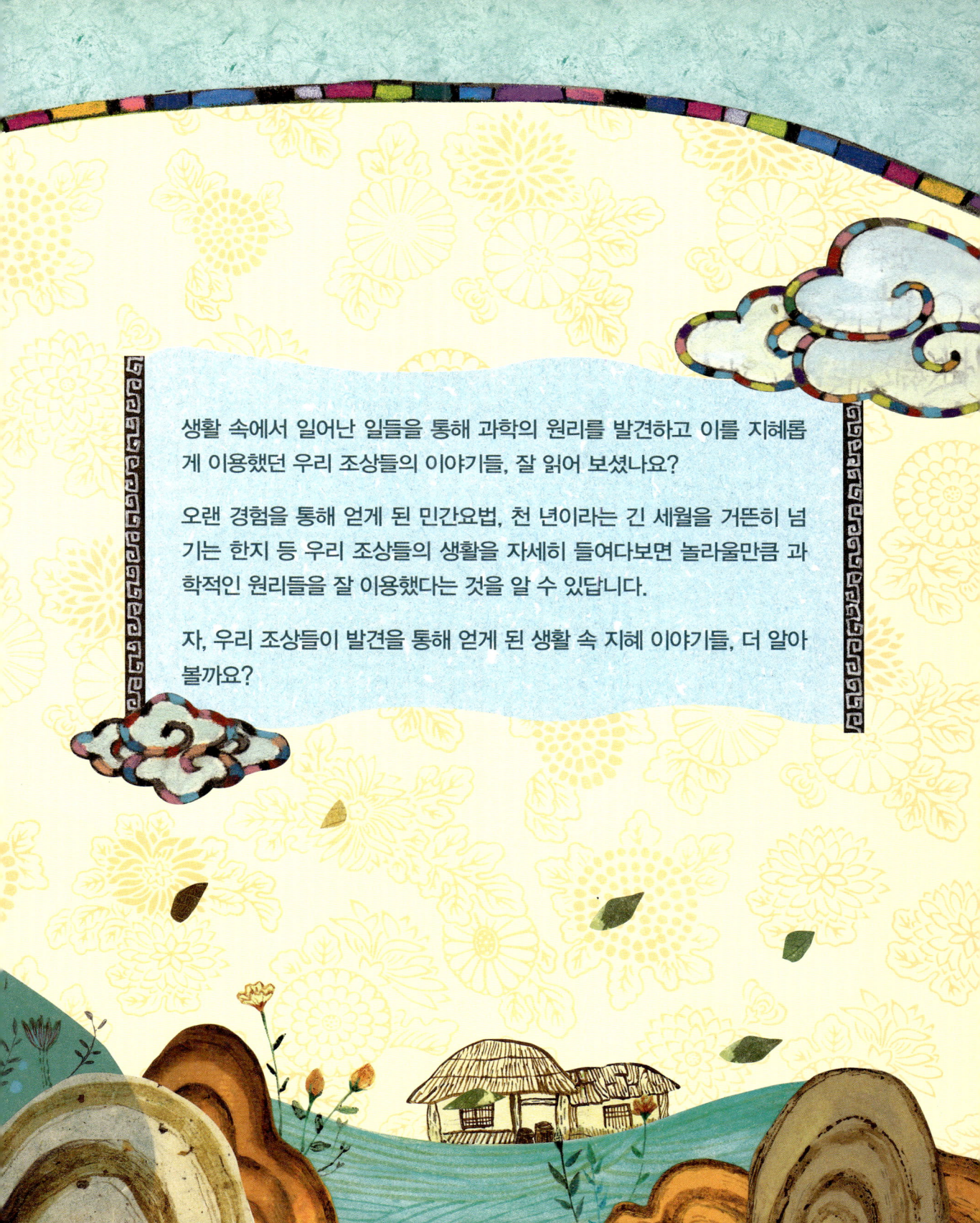

생활 속에서 일어난 일들을 통해 과학의 원리를 발견하고 이를 지혜롭게 이용했던 우리 조상들의 이야기들, 잘 읽어 보셨나요?

오랜 경험을 통해 얻게 된 민간요법, 천 년이라는 긴 세월을 거뜬히 넘기는 한지 등 우리 조상들의 생활을 자세히 들여다보면 놀라울만큼 과학적인 원리들을 잘 이용했다는 것을 알 수 있답니다.

자, 우리 조상들이 발견을 통해 얻게 된 생활 속 지혜 이야기들, 더 알아볼까요?

과학의 원리를 이용한 조상들의 생활 지혜

난방과 조리를 동시에 온돌

온돌은 우리 민족만이 가지고 있는 특이한 난방 구조예요. 방바닥을 따뜻하게 데워주는 온돌과 비슷한 시설은 삼국 시대 이전부터 있었어요. 하지만 지금과 비슷한 온돌이 전국적으로 사용되었던 것은 고려 시대 이후부터였어요.

온돌을 만들려면 먼저 방이 될 곳의 땅에 긴 구덩이를 여러 개 파고, 넓적하고 평평한 돌로 그 구덩이를 덮어요. 구덩이 위에 놓는 돌을 '구들장'이라고 해요. 구들장 위에 흙을 바르면 방바닥이 되지요. 방바닥이 완성되면 구덩이의 입구에서 나무를 때어 그 열이 구덩이를 따라 돌게 해요. 그러면 구덩이를 따라 오는 열이 구들장을 뜨겁게 데워 주어 방안에 난방이 되지요. 또한 구덩이 입구에는 솥을 걸 수 있는 아궁이를 만들었어요. 그래서 아궁이에서 불을 때면서 음식도 만들었지요. 불 하나로 두 가지 일을 모두 해 내는, 일석이조의 효과를 가진 지혜였답니다.

아궁이가 있는 전통 부엌의 모습이에요.

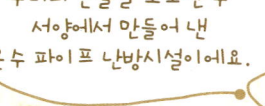
우리의 온돌을 보고난 후 서양에서 만들어 낸 온수 파이프 난방시설이에요.

기름지고 튼튼한 땅을 위해 발효 퇴비

'유기농 먹거리'라는 말을 많이 들어봤을 거예요. 유기농 먹거리는 화학비료를 쓰지 않고 기른 곡식이나 채소, 과일 등을 말해요. 화학비료는 땅을 병들게 하고, 농작물에 남아서 먹는 사람까지 병들게 하지요. 그래서 우리 조상들은 발효 퇴비를 만들어 농사를 지었어요.

몸에도 좋고 맛도 있는 곡식, 채소, 과일을 기르려면 먼저 땅이 튼튼하고 기름져야 하는데, 땅을 튼튼하고 기름지게 하는 데는 발효 퇴비가 최고거든요.

발효 퇴비의 재료는 사람이나 가축의 배설물이지요. 변소에서 일을 마치고 그 위에 풀을 태워 만든 재를 뿌리면 파리나 나쁜 벌레들이 모여들지 않고, 재 속에 들어 있는 성분 때문에 발효가 일어나지요.

재와 섞은 배설물을 다시 낙엽, 마른 풀들과 섞어 오랜 시간 동안 더 발효시키면 드디어 발효 퇴비가 만들어져요. 이렇게 긴 시간 동안 발효가 된 배설물은 땅의 힘을 기르고 농작물을 쑥쑥 자라게 하는 비료가 된답니다.

배설물들을 훌륭한 발효 퇴비로 만들어 땅을 살려 환경오염을 막고, 맛있는 유기농 먹거리도 만들어냈던 우리 조상들의 지혜가 참으로 놀랍지요?

농약과 화학비료를 적게 쓰거나 안 쓴 농산물에 대한 관심이 높아지고 있어요~!

옛날에는 똥장군이라 불리는 이 통에 퇴비를 담아 지게에 지고 논이나 밭으로 운반했어요.

세균은 죽이고 영양소를 살리는 유기그릇

'입병이 나면 유기그릇이나 유기 수저로 밥을 먹어라.' 라는 말이 있어요. 유기그릇이 세균을 죽이는 힘이 있기 때문이지요. 구리와 주석을 높은 온도에서 녹여 합친 쇳물이 바로 청동이지요. 이 쇳물을 틀에 부어서 식히거나, 높은 온도로 말랑말랑해진 쇳조각을 두들겨서 만든 그릇을 유기그릇이라고 해요. 식중독을 일으키는 O157 세균을 스테인리스 그릇과 유기그릇에 담아 놓으면 스테인리스 그릇에 담긴 병원균은 한 달이 지나도 살아 있지만 유기그릇에 담긴 병원균은 하루가 못 되서 죽어버리지요. 또 농약이 묻은 야채를 유기그릇에 담아 놓으면 그릇의 색깔이 변해버려요. 유기그릇에는 식중독 균과 여러 가지 우리 몸에 해로운 균을 죽이는 힘이 있어요. 또 음식에 들어 있는 우리 몸에 필요한 영양소들을 오랫동안 보존시켜주지요.

한동안 유기그릇은 무게가 무겁고 나쁜 물질에 닿으면 금방 색이 변해서 사용하기에 불편하다는 이유로 부엌에서 잘 사용하지 않았어요.

하지만 근래에는 다시 유기그릇에 숨은 과학의 힘이 밝혀지면서 우리나라뿐 아니라 다른 나라에서도 관심이 높아지고 있답니다.

구리와 주석을 높은 온도에서 녹여 합치고 있어요.

유기를 만들고 있는 무형문화재인 김근수 선생님이세요.

우리 조상들의 김치 냉장고 땅속 김장독

　김치는 발효 식품이에요. 음식을 만들어 놓으면 미생물들이 음식 속에 있는 탄수화물, 단백질을 분해시켜 새로운 성분들을 만들어요. 이때 우리의 몸에 해롭고 맛도 나빠지면 음식이 부패했다고 해요. 반대로 우리 몸에 이롭고 맛도 좋아지면 발효되었다고 하지요. 김치는 2~7℃ 정도의 온도에서 약 2~3주 정도 보관했을 때 가장 맛있는 맛을 내고 영양가도 높다고 해요. 또 산소와 접촉이 적을수록 빨리 시지 않고 오랫동안 보관할 수 있고요. 하지만 같은 온도를 일정하게 유지한다는 것은 쉽지 않은 일이지요. 그래서 김치에 딱 맞는 온도를 유지해 주고, 산소와 만나는 것을 막아주기 위해 만든 것이 김치 냉장고예요.

　그런데 김치 냉장고가 없었던 옛날에는 어떻게 김치를 보관했을까요? 옛날에는 김장철이 돌아오면 땅에 구덩이를 파고 어린이만큼 큰 항아리를 묻었어요. 땅속은 땅 위보다 기온 변화가 적어서 일정한 온도를 유지할 수가 있거든요. 땅속으로 50㎝만 들어가도 하루 동안의 기온 변화를 느낄 수 없고, 10m에서 20m만 파고 들어가면 1년 동안의 기온 변화가 없어요. 그래서 항아리를 땅에 묻고 그 위에 짚으로 꼭꼭 덮어 산소와의 접촉과 온도 변화를 막아서 김치를 오랫동안 싱싱하게 먹었답니다.

　어때요? 김치 냉장고 같은 전자 제품이 없어도 땅과 항아리만으로도 훌륭히 김치를 보관했던 우리 조상들의 지혜가 놀랍지 않나요?

땅속에 김장독을 묻어 김치를 보관하면 싱싱한 김치를 오랫동안 먹을 수 있답니다~!

〈오십 빛깔 우리 것 우리 애기〉 시리즈
권별 교과 연계표

국 국어 사 사회 과 과학 도 도덕 음 음악 미 미술
체 체육 실 실과 바 바른 생활 슬 슬기로운 생활 즐 즐거운 생활

- 신 나는 열두 달 명절 이야기   사 3-2   사 5-1   사 5-2   슬 1-2
- 관혼상제, 재미있는 옛날 풍습   국 1-2   국 4-1   사 3-2   사 5-2
- 조상들은 어떤 도구를 썼을까   국 2-2   사 3-1   사 5-1   사 5-2
- 옛날엔 이런 직업이 있었대요   국 5-1   국 6-2   사 3-1   사 4-2
- 꼭 가 보고 싶은 역사 유적지   국 4-1   국 4-2   사 6-1   사 6-2
- 신토불이 우리 음식   국 3-1   사 3-1   사 5-1   사 6-2
- 어깨동무 즐거운 우리 놀이   국 4-1   사 5-2   체 4   즐 2-2
- 나라를 다스린 법, 백성을 위한 제도   사 3-2   사 4-1   사 6-1   사 6-2
- 하늘을 감동시킨 효자 이야기   도 3-1   도 5   바 1-1   바 2-2
- 오천 년 지혜 담긴 건물 이야기   국 4-1   국 4-2   사 5-1   사 5-2
- 세계가 놀란 발명 이야기   국 3-1   국 5-2   사 3-1   사 5-2
- 빛나는 보물 우리 사찰   국 4-1   사 6-2   바 2-2
- 나라의 자랑 국보 이야기   국 5-2   사 6-1   사 6-2   바 2-2
- 나라를 지킨 호랑이 장군들   국 4-2   국 6-1   사 6-1   바 2-2
- 오천 년 우리 도읍지   국 4-1   사 5-2   사 6-1
- 하늘이 내린 시조 임금님들   국 6-2   사 5-2   사 6-1   바 2-2
- 옛날 관청과 공공시설   사 3-1   사 3-2   사 6-1   사 6-2
- 옛사람들의 우정 이야기   국 4-1   국 6-2   도 3-1   바 1-1
- 얼쑤, 흥겨운 가락 신 나는 춤   국 6-1   국 6-2   사 3-1   음 3
- 아름다운 독도와 우리 섬   국 2-1   국 4-1   국 5-2   사 4-1
- 본받아야 할 우리 예절   국 3-2   도 4-1   바 2-1   바 2-2

- 놀라운 발견, 생활의 지혜   국 2-1   국 2-2   사 3-1   사 5-1
- 옛사람들의 교통과 통신   사 3-2   사 4-1   사 5-2
- 머리에 쏙쏙 선조들의 공부법   국 4-1   국 4-2   국 6-2   도 3-1
- 우리 국토 수놓은 식물 이야기   국 1-1   국 5-1   과 4-2   바 1-2
- 큰 부자들의 경제 이야기   사 3-2   사 4-2   사 5-2   슬 2-2
- 생명의 보물 창고 우리 생태지   국 2-1   국 4-2   사 6-1   과 5-2
- 우리가 지켜야 할 천연기념물   국 2-1   과 3-2   과 4-1   과 5-2
- 안녕, 꾸러기 친구 도깨비야   국 2-2   국 3-1   국 4-1   사 5-2
- 오천 년 우리 강 이야기   사 3-2   사 5-1
- 교과서 속 우리 고전   국 3-1   국 4-2   국 5-1   국 6-2
- 알쏭달쏭, 열두 가지 띠 이야기   국 3-1   사 3-2   사 5-2   사 6-1
- 빛나는 솜씨, 뛰어난 재주꾼들   국 4-2   사 6-1   음 4   미 3, 4
- 수수께끼를 간직한 자연과 문화   국 4-1   사 5-2   바 2-2
- 천하제일 자린고비 이야기   국 6-2   사 4-2   도 5   실 5
- 민족의 영웅 독립운동가   국 6-2   사 6-1   바 2-2
- 우리 조상들의 신앙생활   국 5-2   사 3-2   사 5-2   사 6-1
- 정다운 우리나라 동물 이야기   국 2-1   국 2-2   국 6-1   과 3-2
- 멋스러운 우리 옛 그림   국 4-2   사 6-1   미 3, 4   미 5
- 전설따라 팔도명산   국 2-1   국 2-2
- 방방곡곡 우리 특산물   사 3-1   사 4-1   사 5-2
- 아름다운 궁궐 이야기   국 4-1   사 6-1   미 5   바 2-2
- 역사를 빛낸 여자의 힘   사 6-1   바 2-2
- 신명 나는 우리 축제   사 3-1   사 4-1
- 우리가 알아야 할 북한 문화재   사 5-2   사 6-1   바 2-2
- 봄, 여름, 가을, 겨울 24절기   사 5-1   사 6-1   과 6-2   슬 6-2
- 나누는 즐거움 우리 공동체   도 4-1   바 2-2
- 이야기가 술술 우리 신화   국 1-2   국 6-2   사 3-2   사 5-2
- 흥겨운 옛시조 우리 노래   국 6-2   사 5-2   음 3   음 6
- 조상들의 지혜, 전통 의학   국 5-1   국 6-2

오십 빛깔 우리 것 우리 얘기 24
놀라운 발견 생활의 지혜

초판 1쇄 인쇄 | 2011년 5월 18일
초판 1쇄 발행 | 2011년 5월 24일

글쓴이 | 우리누리
그린이 | 김주리

발행인 | 김우석
편집장 | 신수진
책임 편집 | 박경화
편집 | 최은정, 이정은
마케팅 | 공태훈, 김동현, 이진규

디자인 | SU
인쇄 | 자윤프린팅

발행처 | 중앙북스
등록 | 2007년 2월 13일 제 2-4561호
주소 | (100-732) 서울시 중구 순화동 2-6번지
편집문의 | (02)2000-6076
구입문의 | 1588-0950
팩스 | (02)2000-6174
홈페이지 | www.joongangbooks.co.kr

ⓒ 우리누리 2011

ISBN 978-89-278-0114-6 14800
      978-89-278-0092-7 14800(세트)

이 책은 중앙북스(주)가 저작권자와의 계약에 따라 발행한 것이므로
이 책 내용의 일부 또는 전부를 이용하려면 반드시 중앙북스(주)의 서면 동의를 받아야 합니다.

• 많은 사람이 최선을 다해 만든 책입니다.
  그러나 혹시라도 잘못된 내용이 있으면 편집부로 연락바랍니다.
• 잘못 만들어진 책은 구입하신 서점에서 교환해 드립니다.
• 주니어중앙은 중앙북스의 어린이 책 브랜드입니다.

*주니어중앙 카페에서 이 책과 관련된 독후활동 자료를 무료로 다운 받으실 수 있습니다.
 http://cafe.naver.com/jbookskid